WOLFGANG METZ

Rom

WOLFGANG METZ

Rom

Auf geistlichen Wegen
durch die Ewige Stadt

echter

Die Bibeltexte sind entnommen der Einheitsübersetzung der Heiligen Schrift, Katholische Bibelanstalt, vollständig überarbeitete Auflage, Stuttgart 2016

Bibliografische Information der Deutschen Bibliothek: Die Deutsche Nationalbibliothek verzeichnet diese Publikation in der Deutschen Nationalbibliografie; detaillierte bibliografische Daten sind im Internet über <http://dnb.d-nb.de> abrufbar.

Umschlagmotive: © Sophie Lenoir/shutterstock.com,
© S.Borisov/shutterstock.com (hinten)
Gestaltung: wunderlichundweigand
Druck und Bindung: Druckerei Friedrich Pustet,
Regensburg

ISBN 978-3-429-05369-7

Inhalt

Sieben Kirchen abseits der Pilgerströme, die zum Gebet einladen 99

Sieben Kirchen an einem Tag: Die Sieben-Kirchen-Wallfahrt 125

Vorwort

Alle Wege führen nach Rom. Aber welche Wege sollte man dann, wenn man dort ist, im Ineinander zwischen Antike, Katholizität und Moderne einschlagen?

Rom wird nicht nur die Ewige Stadt genannt, man braucht auch ewig, um dort alles gesehen zu haben. Falls das überhaupt möglich ist. Auf jeden Fall gibt es wesentlich mehr zu entdecken, als in ein paar Besuchstage hineinpasst. Nicht wenige Male habe ich es erlebt, dass Menschen Rom besucht haben und nach drei Tagen schon so reizüberflutet waren, dass sie nicht mehr wussten, was sie wo gesehen hatten.

Des Weiteren gab es mir in den letzten Jahren immer wieder zu denken, wie viel Raum die geschichtlichen und kunsthistorischen Betrachtungen an vielen Orten in Rom einnehmen. Natürlich hat dies alles seine Berechtigung. Trotzdem finde ist es gleichzeitig schade, wie wenig manche Orte und Kunstwerke geistlich erschlossen werden bzw. wie wenig Zeit oft eingeplant wird, damit sie geistlich überhaupt wirken können.

Dieses Buch möchte versuchen, hier Abhilfe zu schaffen. Es soll nicht darum gehen, möglichst viel in möglichst kurzer Zeit zu sehen, sondern Ausgewähltes mit Ruhe und im Gebet auf sich wirken zu lassen.

»Nicht das Vielwissen sättigt die Seele und gibt ihr Befriedigung, sondern das innere Schauen und Verkosten der Dinge«, so schreibt der heilige Ignatius in seinen geistlichen Übungen. Ganz in diesem Sinne lädt dieses Buch ein, Rom zu betrachten und darin Gott und dem eigenen Leben auf der Spur zu sein.

Wie funktioniert das Ganze?

Zu Beginn finden Sie ein kurzes Kapitel: »Rückblick«. Dies soll Ihnen helfen, an jedem Abend den vergangenen Tag in Verbindung mit Gott noch einmal in den Blick zu nehmen.

Das erste Hauptkapitel – *Sieben Tage Exerzitien mit Rom* – lädt Sie zu sieben Tagen Exerzitien ein. Nach einer Einführung in den Ort folgen meist eine Bibelstelle, Meditationen zum »Nachdenken und Nachbeten«, ein Vertiefungsteil und methodische Ideen für Gruppen.

Am Ende jedes Tages ist Raum gelassen, um die Gedanken und Erlebnisse am Abend auch schriftlich ins Wort bringen zu können – ebenso auf den letzten Seiten dieses Buches unter »Gedanken, Notizen, Unvergessliches«.

Die weiteren Kapitel – *Sieben besondere Orten, die zum Gebet einladen* und *Sieben Kirchen abseits der Pilgerströme, die zum Gebet einladen* – können Ihre geistlichen Tage in Rom ergänzen oder Sie zu eigenen kleinen und größeren geistlichen Wegen inspirieren.

Das Schlusskapitel begleitet Sie dann einen Tag hindurch auf der sogenannten *Sieben-Kirchen-Wallfahrt* zu den sieben Hauptkirchen Roms und gibt Ihnen gleichzeitig Impulse und Fragen für den Weg.

Noch zwei ganz praktische Hinweise:

1. Öffnungszeiten können sich in Rom immer wieder einmal ändern. Ich habe hier versucht, die aktuellen Öffnungszeiten wiederzugeben, aber wie es so schön heißt: Vertrauen ist gut, Kontrolle ist besser. Werfen Sie vor dem Besuch eines Ortes sicherheitshalber einen Blick ins Internet, damit Ihre Planungen auch gewiss gelingen, denn es ist sehr ärgerlich, wenn man sich auf einen Ort innerlich eingestellt hat und dann vor verschlossenen Türen steht.

2. Bei allen Orten und Kunstwerken habe ich die jeweiligen Adressen angegeben. Nur bei weiter außerhalb liegenden

Orten habe ich eine Wegbeschreibung hinzugefügt. Für alles gilt: Die Zeiten von Heften mit Bus-, Metro- und Tramlinienbeschreibung sind endgültig vorbei. In Zeiten von europaweiten, einheitlichen Roaming-Gebühren und Google Maps ist die Wegfindung von A nach B sehr unkompliziert geworden. Nutzen Sie das. Das spart Zeit und ist die effektivste und individuellste Form der Wegbeschreibung.

Ich danke an dieser Stelle Herrn Heribert Handwerk für seine umsichtige und unermüdliche Arbeit als Lektor und wunderlichundweigand für die wunderbare graphische Gestaltung.

Weiterhin danke ich allen Menschen, die mit mir in den vergangenen Jahren in Rom waren und mich durch diese faszinierende Stadt begleitet haben.

Alle Wege führen *nach* Rom – dieses Buch begleitet Sie auf geistlichen Wegen *durch* diese einzigartige Stadt.
Ich hoffe, es hilft Ihnen dabei.

Wolfgang Metz

Rückblick

Am Abend noch einmal auf den Tag zurückzublicken, auf das »Was« und »Wie« des vergangenen Tages, war für den heiligen Ignatius von Loyola die wichtigste Viertelstunde des Tages. Eben den Tag nicht einfach sein zu lassen, sondern noch einmal wahrzunehmen und wertzuschätzen. Natürlich gibt es Tage, an denen dies einfacher, und Tage, an denen dies herausfordernder ist. Das ändert aber nichts daran, dass es gut ist, es zu tun. Es ist, wie es ein guter Freund einmal zu mir gesagt hat: Stellen Sie sich vor, Ihnen ist heute etwas Gutes widerfahren und Sie haben es gar nicht bemerkt …

Deswegen soll dieser Tagesrückblick eine Einladung an Sie sein, es einfach jeden Abend auszuprobieren und sich ein wenig Zeit dafür einzurichten und, wenn Sie möchten, auf dem dafür freigehaltenen Platz Ihre Gedanken niederzuschreiben.

Ich suche mir einen guten Ort, wo ich jetzt ein paar Minuten in Ruhe sein kann
Das kann in einer Kapelle, auf dem Sofa, aber auch auf der Bettkante sein.

Ich stelle mir kurz vor, wie Gott mich jetzt anblickt,
und beginne mit einem Kreuzzeichen oder einer anderen Geste und/oder mit einem Lied.

Ich komme zur Ruhe
und nehme eine aufmerksame Haltung ein.

Ich bete (leise oder laut)
Guter Gott,
am Abend dieses Tages suche ich Deine Nähe.
Du hast mich den ganzen Tag hindurch begleitet.
Lass mich jetzt in Deiner Gegenwart

und mit Deinem liebenden Blick
noch einmal auf diesen Tag zurückschauen
mit allem, was war. Amen.

Ich blicke auf den Tag zurück
Ich kann den Tag noch einmal vor meinem inneren Auge vorbeiziehen lassen.
Dabei ist es nicht wichtig, ob mir alles einfällt.
Ich achte darauf, welche Gefühle sich in mir regen.
Was beschäftigt mich noch aus diesem Tag?
Erfreuliches, Schmerzliches, Lustiges, Rätselhaftes ...
Ich bewerte nicht, sondern nehme einfach nur wahr.

Ich übergebe den Tag in Gottes Hand
Ich erzähle Gott davon wie einem Freund
und kann ihn bitten, danken, fragen, anklagen
oder ihm gegenüber einfach still sein.

Dann schließe ich mit dem jeweiligen Gebet für den Tag oder mit folgenden Worten:
Guter Gott, am Ende dieses Tages lege ich mich
und mein Leben vertrauensvoll in Deine Hände.
Danke für alles Gute.
Heile, was heute offen oder verwundet geblieben ist.
Stärke mich in meinem Vertrauen in Dich.
Begleite und behüte mich in dieser Nacht,
damit ich morgen wieder den neuen Tag
aus Deiner Hand empfangen
und von Dir wieder alles neu erhoffen kann. Amen.

Ich beende meine Gebetszeit
mit einem Kreuzzeichen oder einer anderen Geste
und/oder einem Lied.

Sieben Tage Exerzitien mit Rom

Einführung

Exerzitien sind nichts anderes als geistliche Übungen. Es sind Übungen in der Beziehung auf Gott hin, die aber die Beziehungen zu sich selbst und zu den Mitmenschen immer miteinschließen.

Mit Übungen ist es so eine Sache. Vor allem wenn es um Beziehungen geht. Manchmal gelingen sie gut und manchmal weniger gut. Und was macht man dann, wenn sie weniger gut gelingen? Weiterüben, denn es ist, wie es ist.

So ist es auch mit den folgenden Übungen gedacht. Es gibt keine Messlatte und kein Soll, die man erreichen muss. Es geht nicht darum, etwas Bestimmtes oder Besonderes an jedem Tag zu leisten, sondern es geht in erster Linie darum, was sich in einem bewegt, was sich zeigt. Es geht um die »inneren Regungen«. Da gibt es kein Richtig und kein Falsch. Deshalb kann es auch sein, dass Sie mit dem einen oder anderen Ort, Text oder Gedanken mehr und mit einem anderen weniger anfangen können.

Es ist grundsätzlich so gedacht, dass die erste Beschreibung und Übung *Zum Nachbeten und Nachdenken* für den Morgen vorgesehen ist und die Vertiefung für den Nachmittag, damit Sie dabei und zwischendurch genügend Stille und Zeit für sich haben können.

Vielleicht beschäftigt Sie auch ein Ort, Text oder Gedanke über einen Tag hinaus. Wenn dem so sein sollte, dann können Sie diesem Ort, Text oder Gedanken auch gerne in aller Freiheit noch einen weiteren halben oder sogar ganzen Tag widmen.

Die folgenden sieben Tage orientieren sich zwar von ihrer Dynamik her an den ignatianischen Exerzitien, die Priorität hat aber ihre eigene, innere Dynamik. Folgen Sie ihr, vertrauen Sie ihr, denn Gott begleitet Sie darin.

Das Gebet am Beginn jeder Tagesbeschreibung kann für Sie, wenn Sie es wollen, ein Wegbegleiter vom Morgen bis zum Abend sein.

Achten Sie bitte auch darauf, was Sie vielleicht an Material für den Tag brauchen. Was Sie immer brauchen werden, ist ein Stift, damit Sie an den dafür vorgesehenen Stellen Ihre Eindrücke und »inneren Regungen« zu Papier bringen können.

Der Abschnitt *Was bleibt vom Tag* lädt Sie jeweils dazu ein, nach dem Rückblick Ihre Erkenntnisse und Wahrnehmungen noch einmal zu bündeln, aufzuschreiben und den Tag dadurch gut abzuschließen.

In diesem Sinne alles Gute, Gottes begleitenden Segen und viel Freude beim Üben.

Sieben Tage Exerzitien mit Rom | **1. Tag:**

Gott ist da – *Piazza San Pietro*

Adresse: Piazza San Pietro, 00120 Vatikanstadt
Material: Schokolade

Gebet durch den Tag

Herr,
Du bist da.
In allem, was ich sehe, höre, rieche, spüre und wahrnehme.
Du wirkst durch alles und in allem um mich herum.
Überall ist Deine brennende Gegenwart.
Schenke mir wache Augen, offene Ohren
und ein brennendes Herz.
Heute, morgen und weiterhin.
Amen.

Der Petersplatz. Eines der vielen Meisterstücke von Gian Lorenzo Bernini (* 7. Dezember 1598 in Neapel; † 28. November 1680 in Rom). Eine 240 Meter lange Ellipse und ein Trapez. 284 Säulen. 140 Heilige. Ein 25,5 Meter hoher ägyptischer Obelisk. 300.000 Menschen finden hier Platz.

Es ist Berninis persönliches Kunstwerk, mit dem er von der allzu mächtigen Fassade des Petersdoms ablenkt (mehr dazu siehe unten, S. 157).

Manche sehen in den umgreifenden Kolonnaden dieses Platzes zwei Arme, die die Welt umspannen und somit darin ein Zeichen für die katholische Weltkirche.

Manche sehen diesen weiten und offenen Platz aber auch einfach als einen Ort, an dem vieles möglich ist, zumindest mehr als im Petersdom selbst. Warum? Weil es ein Ort ist, wo jeder und jede von allen Seiten hinkommen kann, der frei zugänglich für alle ist und wo es (im Gegensatz zum Inneren des Domes) z.B. noch keine Kleiderordnung gibt.

Wenn im Vatikan, bildlich gesprochen, der Kopf der katholischen Kirche sitzt, ist der Petersplatz vielleicht ihr Herz, das für alle offen und aufgeschlossen ist bzw. sein sollte. Hier sind wir an einem Ort, der gerade deswegen wesentlich und wichtig für unsere Kirche ist. Im übertragenen wie im realen Sinne.

Der Petersplatz ist und bleibt ein besonderer Ort. Nicht nur wegen des Petersdomes, sondern der Platz für sich ist besonders. Es ist ein Ort, bei dem es sich lohnt, dass man sich ihm separat zuwendet und ihn eben nicht nur als Zugang zum Dom sieht und nutzt.

So ist er für uns jetzt und heute Zugang zu den Tagen, die vor uns liegen, Zugang zu Wegen durch Rom, zu Wegen zu uns selbst und natürlich zu Wegen, bei denen wir Gott begegnen wollen.

Und zu Beginn dieser Wege wollen wir unsere Sinne schärfen, gerade weil hier mehr möglich ist und das Leben in aller Offenheit und Vielfalt Platz hat.

Was sollen wir nun hier machen? Eigentlich gar nichts! Erst einmal einfach da sein und wahrnehmen.

Dazu eine kleine praktische Übung vorneweg:
Nehmen Sie bitte das Stück Schokolade zu sich (die Übung funktioniert genauso mit Eis oder Espresso). Schließen Sie die Augen und lassen Sie die Schokolade in Ruhe auf der Zunge zergehen.

Jetzt die entscheidende Frage: Was ist der Unterschied dazu, wenn Sie ein solches Stück Schokolade einfach nebenbei bei einem Gespräch oder vor dem Fernseher essen?

Ganz einfach, sie schmeckt intensiver, und das liegt nicht an der Schokolade, sondern an Ihnen. Es liegt daran, wie Sie sich dieser Schokolade und ihrem Geschmack zuwenden oder eben nicht.

Genauso ist es mit allem um uns herum.

Hinweis für eine Gruppe:

Diese kleine Übung mit der Schokolade kann auch sehr gut mit einer Gruppe ausprobiert werden, und jeder und jede kann anschließend sagen, wie die Schokolade schmeckt und wie sie oder er es be- bzw. umschreiben würde.

Und nun ist der Petersplatz Ihr Stück Schokolade.

Nehmen Sie sich eine halbe Stunde (oder mehr) Zeit, diesen Platz, verschiedene Orte darauf und verschiedene Perspektiven auf sich wirken zu lassen. Nehmen Sie ihn wahr, so, wie er jetzt ist, und so, wie Sie jetzt sind und ihn jetzt wahrnehmen können.
Es geht nicht darum, alles wahrzunehmen. Das geht überhaupt nicht. Nehmen Sie einfach wahr, was Sie hier und heute anspricht.

Was sehen Sie?
Was hören Sie?
Was riechen Sie?
Was spüren Sie?

Zum Nachdenken und Nachbeten

Suchen Sie sich nach Ihrer Zeit auf dem Platz einen Ort, wo Sie in Ruhe eine Weile sitzen können, oder gehen Sie spazieren und nehmen Sie sich dabei Zeit für die folgenden Fragen:

Welche Sprachen haben Sie gehört?

....

....

Wie roch die Luft auf dem Petersplatz?

....

Wenn Sie jetzt die Augen schließen und an den Platz denken: Was sehen Sie zuerst?

....

....

Wem haben Sie zugelächelt?

....

....

Woran erinnert Sie der Petersplatz? Was ist er für Sie?

....

....

Hinweis für eine Gruppe:
Gemeinsam unterwegs

Suchen Sie sich nach dem persönlichen Nachdenken und Nachbeten je zu zweit einen schönen Sitzplatz oder gehen Sie eine Stunde am Tiber spazieren.
Erzählen Sie einander von Ihren Wahrnehmungen, von den gleichen, aber auch von den unterschiedlichen.

Vertiefung

Heute Morgen haben wir uns mit unserer Wahrnehmung beschäftigt. Wie und was wir wahrnehmen. Jeder und jede nimmt nämlich anders und auf seine bzw. ihre ganz eigene und spezielle Weise wahr.

Nicht anders ist es mit unserer Wahrnehmung von Gott. Für manche ist er ganz nah in der Schöpfung, für andere im Gebet und wieder anderen ist er in Mitmenschen ganz nahe. Wahrscheinlich gibt es noch eine Million anderer Möglichkeiten und Wege, Gott wahrzunehmen. Papst Benedikt XVI. hat vor vielen Jahren einmal gesagt, dass es so viele Wege zu Gott gibt, wie es Menschen gab, gibt und geben wird. Jeder und jede hat seine eigenen Wege und Wahrnehmungen auf Gott hin.

Man könnte sagen, dass die Bibel selbst voll von Menschen ist, die ihre persönliche Gotteswahrnehmung hatten und diese selbst ins Wort brachten oder die von anderen im Nachhinein ins Wort gebracht worden ist.

Schauen wir mal auf eine ganz bestimmte Wahrnehmung von Gott und eine Begegnung mit ihm …

Ich bin der ich bin (Ex 3,1–2.4–8a.13–14a)

Mose weidete die Schafe und Ziegen seines Schwiegervaters Jitro, des Priesters von Midian. Eines Tages trieb er das Vieh über die Steppe hinaus und kam zum Gottesberg Horeb.

Dort erschien ihm der Engel des HERRN in einer Feuerflamme mitten aus dem Dornbusch. Er schaute hin: Der Dornbusch brannte im Feuer, aber der Dornbusch wurde nicht verzehrt.

Als der HERR sah, dass Mose näher kam, um sich das anzusehen, rief Gott ihm mitten aus dem Dornbusch zu: Mose, Mose! Er antwortete: Hier bin ich.

Er sagte: Komm nicht näher heran! Leg deine Schuhe ab; denn der Ort, wo du stehst, ist heiliger Boden.

Dann fuhr er fort: Ich bin der Gott deines Vaters, der Gott Abrahams, der Gott Isaaks und der Gott Jakobs. Da verhüllte Mose sein Gesicht; denn er fürchtete sich, Gott anzuschauen.

Der HERR sprach: Ich habe das Elend meines Volkes in Ägypten gesehen und ihre laute Klage über ihre Antreiber habe ich gehört. Ich kenne sein Leid.

Ich bin herabgestiegen, um es der Hand der Ägypter zu entreißen und aus jenem Land hinaufzuführen in ein schönes, weites Land, in ein Land, in dem Milch und Honig fließen.

Da sagte Mose zu Gott: Gut, ich werde also zu den Israeliten kommen und ihnen sagen: Der Gott eurer Väter hat mich zu euch gesandt. Da werden sie mich fragen: Wie heißt er? Was soll ich ihnen sagen?

Da antwortete Gott dem Mose: Ich bin der ich bin.

Zum Nachdenken und Nachbeten

Mose begegnet Gott im brennenden Dornbusch.
Gott erzählt, dass er das Leid seines Volkes gesehen und gehört hat, dass er der ist, der da ist und es begleitet.
Diese Zusage gilt immer noch: Er ist da.
Vielleicht nicht immer in einem brennenden Dornbusch, aber in Menschen, die uns begegnen, Situationen, die uns widerfahren, und auch in uns selbst.

Nehmen Sie sich Zeit, der Frage nachzugehen:
Wo und wie habe ich Gott heute schon erfahren und wahrgenommen?

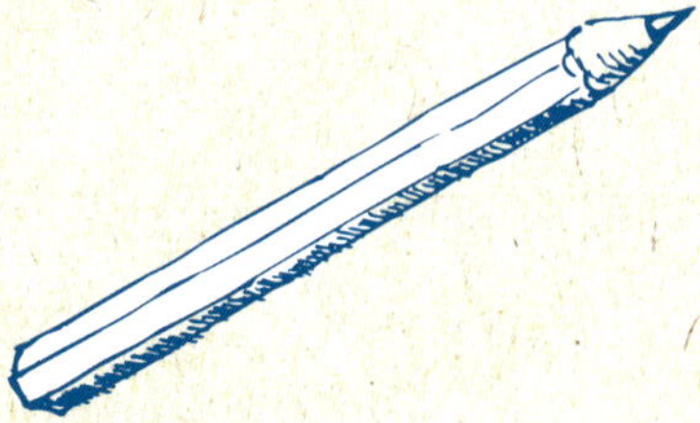

Hinweis für eine Gruppe:
Hör-zu-Bibelmethode

1. Einer oder eine liest den Bibeltext vor, während die anderen aufmerksam zuhören.
2. Danach macht sich jeder und jede Notizen zu den folgenden Fragen:
   - Was ist bei mir hängengeblieben?
   - Welche Bilder sind in meinem Kopf entstanden?
   - Hat der Text etwas mit meinem Leben und meinen Erfahrungen zu tun?
3. Tauschen Sie sich über Gedanken und Erfahrungen aus.
4. Lesen Sie den Text noch einmal und stellen Sie sich dabei folgende Fragen:
   - Was haben Sie vorher nicht gehört?
   - Was haben Sie anders gehört?
5. Tauschen Sie sich über Ihre Entdeckungen aus.
6. Gemeinsames Gebet

Was bleibt vom Tag

Vertrauen ist gut, Verheißung ist besser – David *Galleria Borghese*

Adresse: Piazzale Scipione Borghese 5, 00197 Rom
Öffnungszeiten: Dienstag bis Sonntag: 09:00–19:00 Uhr
Hinweis: *In der Galleria Borghese muss man vorher reservieren (www.galleriaborghese.it), und der Besuch ist dann auf ein genaues Zeitfenster von max. zwei Stunden festgelegt.*

Gebet durch den Tag

Herr,
Vertrauen braucht Mut.
Mut, sich darauf einzulassen,
und Mut, daraus zu leben.
Schenke mir diesen Vertrauensmut.
Jeden Tag neu.
Amen.

Heute führt uns unser Weg an einen neuen Ort, aber zu jemandem, der uns auch gestern schon begegnet ist und noch das eine oder andere Mal unseren Weg kreuzen wird: Gian Lorenzo Bernini.

Gestern haben wir ihn als Architekten und Petersplatzplaner erlebt. Heute begegnen wir ihm als Bildhauer.

Einige seiner schönsten Arbeiten finden sich hier in der Galleria Borghese. Ihre Kunstsammlung geht im Wesentlichen auf den Kardinal Scipione Borghese zurück, der sowohl dieses Gebäude bauen ließ als auch einige Arbeiten von Bernini selbst in Auftrag gab.

Gehen Sie bitte hinein und sehen Sie sich um.

Im unteren Bereich finden Sie den jungen Mann, den wir besuchen wollen. Wir werden uns heute nämlich dem David zuwenden, den Bernini zwischen 1623 und 1624 geschaffen hat.

Aber vielleicht zuerst die Geschichte dazu:

David gegen Goliath (1 Sam 17,37b–40.44–46.49–50a)

Da antwortete Saul David: Geh, der HERR sei mit dir.

Und Saul zog David seine Rüstung an; er setzte ihm einen bronzenen Helm auf den Kopf und legte ihm seinen Panzer an und über der Rüstung hängte er ihm sein Schwert um. David versuchte zu gehen, aber er war es nicht gewohnt. Darum sagte er zu Saul: Ich kann in diesen Sachen nicht gehen, ich bin nicht daran gewöhnt. Und er legte sie wieder ab, nahm seinen Stock in die Hand, suchte sich fünf glatte Steine aus dem Bach und legte sie in die Hirtentasche, die er bei sich hatte, in den Vorratsbeutel. Die Schleuder in der Hand, ging er auf den Philister zu.

Er rief David zu: Komm nur her zu mir, ich werde dein Fleisch den Vögeln des Himmels und den wilden Tieren geben.

David antwortete dem Philister: Du kommst zu mir mit Schwert, Speer und Sichelschwert, ich aber komme zu dir im Namen des HERRN der Heerscharen, des Gottes der Schlachtreihen Israels, den du verhöhnt hast.

Heute wird dich der HERR mir ausliefern. Ich werde dich erschlagen und dir den Kopf abhauen. Die Leichen des Heeres der Philister werde ich noch heute den Vögeln des Himmels und den wilden Tieren geben. Alle Welt soll erkennen, dass Israel einen Gott hat.

Er griff in seine Hirtentasche, nahm einen Stein heraus, schleuderte ihn ab und traf den Philister an der Stirn. Der Stein drang in die Stirn ein und der Philister fiel mit dem Gesicht zu Boden.

So besiegte David den Philister mit einer Schleuder und einem Stein.

Viele Künstler haben dieses David-gegen-Goliath-Thema schon dargestellt; meistens, wenn man z.B. an Michelangelo oder Donatello denkt, vor oder – mit dem abgeschlagenen Kopf in der Hand oder unter seinen Füßen – nach dem Kampf der beiden.

Bernini hat sich für den Augenblick vor dem Steinschleuderwurf entschieden. Einen Moment voller Dynamik und Unerschrockenheit.

Schauen Sie sich das Gesicht dieses Davids genau an. Seine Entschlossenheit.

Dieser kleine, junge David mit seiner mickrigen Steinschleuder, der mit fast nichts, fast nackt mit abgelegter Rüstung dasteht, für den es aber keinen Zweifel zu geben scheint, dass er diesen Kampf gewinnen wird, der keinen Zweifel hat, dass Gott mit ihm ist.

Nehmen Sie sich bitte Zeit für diesen David, für seine Dynamik, seine Überzeugung, seine Entschlossenheit und vor allem für sein Vertrauen.

Lesen Sie dann nochmals den Bibeltext und halten Sie im Moment der dargestellten Szene einen Moment inne.

Zum Nachdenken und Nachbeten

Nach dieser Zeit in der Galleria Borghese suchen Sie sich bitte wieder einen Platz, um noch ein wenig bei sich und bei Ihren Eindrücken bleiben zu können. Vielleicht finden Sie im Garten der Galleria Borghese einen guten Ort, vielleicht aber auch irgendwo im Park der Villa Borghese.

Lassen Sie das Bild dieser Davidfigur vor Ihrem inneren Auge noch einmal auftauchen. Was für Gefühle haben Sie, wenn Sie an ihn und seine Situation denken?

Er setzt alles auf eine Karte und vertraut ganz auf Gott. Können Sie das irgendwie nachvollziehen?

Suchen Sie sich einen kleinen Stein. Nehmen Sie ihn in die Hand. Vielleicht war es nur so ein kleiner Stein, den David hatte. Aber das hat ihm gereicht.
Wo und in welchen Situationen haben Sie Gott schon vertraut und alles auf eine Karte bzw. auf einen Stein gesetzt?

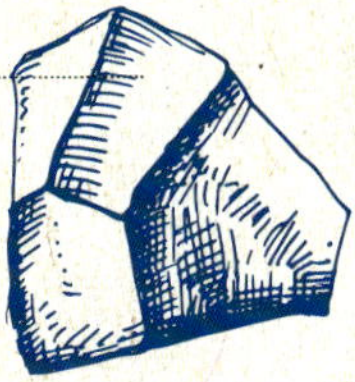

Behalten Sie den Stein als kleine Denkstütze in Ihr Gottvertrauen.

Hinweis für eine Gruppe:
Gegenseitiges Gebet
Material: Papier und Stifte für alle

Jeder und jede bekommt ein Stück Papier und einen Stift. Jeder und jede soll sich nun 15 oder 30 Minuten lang Zeit nehmen, ins Gebet gehen und dann aufschreiben, wo und wie er oder sie sich mehr Gottvertrauen wünschen würde.
Bitte das Papier mit Namen versehen.
Die Zettel werden anschließend eingesammelt und gemischt und jeder und jede darf einen davon ziehen.
Für den Rest der Reise darf jeder und jede immer wieder für den anderen und sein Vertrauen in Gott beten, um sich darin gegenseitig zu stützen, zu bestärken und beizustehen.

Vertiefung

Vertrauen ist gut, Verheißung ist besser.

Vertrauen fällt nicht einfach vom Himmel, sondern es wächst aus Erfahrung und vielleicht auch aus dem, was andere uns zusagen und zutrauen.

Auch David, der heute Morgen schon ein Stück mit uns gegangen ist, hat das erfahren dürfen.

Die Verheißung an David (2 Sam 7,8–10.16–17)

Der Herr sprach zu Nathan:

Sag also jetzt meinem Knecht David: So spricht der HERR der Heerscharen: Ich habe dich von der Weide und von der Herde weggeholt, damit du Fürst über mein Volk Israel wirst, und ich bin überall mit dir gewesen, wohin du auch gegangen bist. Ich habe alle deine Feinde vor deinen Augen vernichtet und ich werde dir einen großen Namen machen, der dem Namen der Großen auf der Erde gleich ist.

Ich werde meinem Volk Israel einen Platz zuweisen und es einpflanzen, damit es an seinem Ort wohnen kann und sich nicht mehr ängstigen muss und schlechte Menschen es nicht mehr unterdrücken wie früher.

Dein Haus und dein Königtum werden vor dir auf ewig bestehen bleiben; dein Thron wird auf ewig Bestand haben.

Natan sprach zu David genauso, wie es gesagt und offenbart worden war.

Zum Nachdenken und Nachbeten

Gott hat eine Verheißung für David.
Nicht nur für David.
Für jeden und jede.
Auch für Sie!
Stellen Sie sich gerade hin. Aufrecht. Dort, wo Sie jetzt sind.
Schließen Sie die Augen.
Stellen Sie sich vor, wie Gott Sie jetzt anblickt.
Halten Sie einen Moment Stille.
Lassen Sie sich bitte von ihm anblicken und ansprechen.
Gott hat auch eine Verheißung für Sie.
Was verheißt er Ihnen jetzt und heute?

Hinweis für eine Gruppe:
Verheißung und Segen zusprechen

Die Gruppe trifft sich nach der Zeit des Nachdenkens und Nachbetens.
Es kann einen gemeinsamen Austausch darüber geben, wie die Übung für jeden Einzelnen war.
Die Gruppe stellt sich danach im Kreis auf. Jemand darf beginnen und seinem rechten Nebenmann oder seiner rechten Nebenfrau einen Segen zusprechen:

Name, Du bist von Gott geliebt.
Er hat eine Verheißung für Dich.
Vertrau darauf.
Und so segne Dich der Vater, der Sohn und der Heilige Geist.

(Dabei kann ein Kreuz auf die Stirn oder in die offene Hand gezeichnet werden oder einfach die Hand über den Kopf des rechten Nebenmannes bzw. der Nebenfrau gehalten werden)

Was bleibt vom Tag

Sieben Tage Exerzitien mit Rom | **3. Tag:**

Sich rufen lassen – Berufung des Matthäus
Kirche San Luigi dei Francesi

Adresse: Piazza di S. Luigi de' Francesi, 00186 Rom
Öffnungszeiten: Täglich 10:00–12:30 Uhr und 15:00–18:45 Uhr
Material: Digitale Kamera oder Smartphone

Gebet für den Tag

Herr,
wenn ich Dir Auge in Auge begegnen würde,
was würdest Du mir sagen?
Und was würde ich Dir sagen?
Lass es uns herausfinden!
Heute!
Amen.

Rom bietet vielen Kirchen Raum. Wesentlich mehr, als man in sieben Tagen anschauen kann. Manche davon sind über Märtyrergräbern gebaut, andere haben ihren Ursprung in einem bestimmten Ereignis, wieder andere sind im Mittelalter von bestimmten Nationen und Volksgruppen gegründet worden, um ihren pilgernden Landsleuten eine muttersprachliche Anlaufstelle in der Heiligen Stadt zu bieten. Daraus sind viele Nationalkirchen entstanden.

Genau so einem Gotteshaus, nämlich der französischen Nationalkirche S. Luigi dei Francesi zwischen der Piazza Navona und dem Pantheon, möchten wir uns heute zuwenden oder, besser gesagt, einem bestimmten Bild, das wir darin finden.

Gehen Sie in der Kirche auf der linken Seite zur fünften (letzten) Seitenkapelle. Dort befinden sich drei wunderbare Gemälde von Caravaggio (* 29. September 1571 in Mailand; † 18. Juli 1610 in Porto Ercole), der berühmt für seinen Realismus und besonders für die Licht- und Schattenspiele in seinen Bildern ist. Michelangelo Merisi, der nach seiner norditalienischen Heimatstadt Caravaggio benannt wurde, kam 1593 nach Rom. Damals war er um die zwanzig Jahre alt und blieb hier für dreizehn Jahre. Er schuf in dieser Zeit einige Meisterwerke, die die Malerei nach ihm stark beeinflussen sollten. Drei dieser Meisterwerke finden wir in dieser Kirche.

Wir wollen unsere Aufmerksamkeit dem linken, der »Berufung des Matthäus« (1600), widmen.

Schauen Sie sich alle Menschen, die Sie darauf erkennen können, genau an.

Christus, der junge Mann mit dem zarten Heiligenschein, tritt von rechts in den Raum. Falls es überhaupt ein Raum ist, denn vielleicht spielt sich die Szene auch draußen vor einem Haus ab. So oder so, das Licht kommt mit Christus in das Bild, in die Szene und in das Leben der dort sitzenden Menschen.

Auch wenn das Licht von rechts hereinkommt, ist das Gesicht Jesu von einer nicht wahrzunehmenden Quelle oder aus sich selbst heraus erleuchtet.

Halb verdeckt von Petrus, der vor ihm steht, schaut er auf die Männer am Tisch, zu den Zöllnern, die dabei sind, die Einnahmen des Tages zu zählen.

Jesus zeigt auf einen von ihnen. Locker, aber bestimmt. Seine Hand, sein Finger, diese Haltung, das alles erinnert an Adams Hand auf dem Bild der Erschaffung Adams von Michelangelo in der Sixtinischen Kapelle. Hier geht es also nicht nur um Berufung. Hier geht es um Schöpfung und Neuschöpfung.

Matthäus wird aus seinem Alltag heraus, aber auch in seinen Alltag hinein berufen. Er blieb wahrscheinlich Zöllner, und doch hat ihn diese Begegnung grundlegend verändert.

Wie war das damals eigentlich? …

Die Berufung des Matthäus (Mt 9,9–13)

Als Jesus weiterging, sah er einen Mann namens Matthäus am Zoll sitzen und sagte zu ihm: Folge mir nach! Und Matthäus stand auf und folgte ihm nach.

Und als Jesus in seinem Haus bei Tisch war, siehe, viele Zöllner und Sünder kamen und aßen zusammen mit ihm und seinen Jüngern.

Als die Pharisäer das sahen, sagten sie zu seinen Jüngern: Wie kann euer Meister zusammen mit Zöllnern und Sündern essen?

Er hörte es und sagte: Nicht die Gesunden bedürfen des Arztes, sondern die Kranken.

Geht und lernt, was es heißt: Barmherzigkeit will ich, nicht Opfer! Denn ich bin nicht gekommen, um Gerechte zu rufen, sondern Sünder.

Zum Nachdenken und Nachbeten

Suchen Sie sich einen Platz in der Kirche, an dem Sie eine Weile für sich bleiben können.
Schließen Sie die Augen und stellen Sie sich bitte vor, der Finger Jesu würde auf Sie zeigen.
Jesus würde jetzt zu Ihnen sagen: »Folge mir nach!«
Wie fühlt sich das an?

Fühlen Sie sich auch zu etwas berufen? Und wenn »ja«, zu was?

Aber wenn Jesus für die Kranken da zu sein scheint, die den Arzt nötig haben – wo und wie könnten Sie ihn nötig haben?

Stellen Sie sich vor, dass Jesus Ihnen jetzt so entgegentritt, Sie anspricht und mit Ihnen nach Hause gehen möchte. Sie dadurch auch akzeptiert, wie Sie sind. Mit allem Guten und allem Ungelösten in Ihnen. Egal, wie unaufgeräumt es bei Ihnen zuhause oder in Ihnen jetzt ist.
Wie wäre das? Was wäre Ihr erster Gedanke?

....

....

....

....

....

....

Hinweis für eine Gruppe:
Biblische Aufstellung

Zur Vorbereitung muss ein passender Ort gesucht werden, wo man mit der Gruppe in Ruhe arbeiten kann, vielleicht auf einem Platz oder in einem Park.

Dort muss im Zusammenhang mit der Bibelstelle von der Berufung des Matthäus überlegt werden, welche Orte es in der Bibelstelle gibt und wo diese nun hier repräsentiert sein sollen. Dann wird betrachtet, welche Personen darin vorkommen.
Was tun die Einzelnen?
Wie alt sind sie?
Wie geht es ihnen?
Wie wurden sie in die Geschichte verwickelt?
Was denken sie über das, was geschehen ist?
Es soll einen Austausch der Meinungen und Ideen dazu geben.

Dann kann sich jeder und jede an einen der Orte der Geschichte stellen und eine Person ihrer/seiner Wahl darstellen. Diese kann in der Geschichte explizit genannt sein, einfach nur zur Menschenmenge gehören oder auch erfunden sein.

Überlegen Sie, wie diese Person da ist: sitzend, liegend, stehend? Wie ist ihre Haltung, ihre Gestik, ihr Gesichtsausdruck? Wem ist sie zu- oder abgewandt?

Der Anleiter geht dann herum und fragt jeden und jede einzeln, wer er oder sie ist und wie es ihnen gerade geht.
Danach bedankt sich der Anleiter bei allen und sagt, dass sie ihre Rollen wieder verlassen dürfen.

Vertiefung

Wir haben uns heute Morgen ansprechen und rufen lassen. Interessant dabei ist, dass sich jeder und jede von unterschiedlichen Worten, Gesten und Dingen ansprechen lässt.

Wir wollen nun herausfinden, was Sie anspricht; und dafür brauchen Sie Ihr Smartphone oder einen digitalen Fotoapparat.

Ihre Aufgabe: Gehen Sie einfach spazieren. Lassen Sie sich durch Rom treiben, denn das gehört auch zu dieser Stadt und ist die schönste Art, sich hier fortzubewegen. Gehen Sie auf Straßen und durch Gassen und besuchen Sie die Kirchen, auf die Sie auf Ihrem Weg treffen, und machen Sie Fotos.

Von was? Von allem, was Sie spontan anspricht! Von allem, das für Sie irgendwie etwas mit Ihrem Glauben zu tun hat und etwas über Ihren Glauben aussagt. Das muss nicht immer ein Heiligenbild sein. Kann, aber muss nicht. Theoretisch kann es alles sein.

Denken Sie daran: Jeder und jede hat seine eigene Wahrnehmung und lässt sich von anderen Worten, Gesten und Dingen ansprechen. Achten Sie darauf, was Sie jetzt im Vorbeigehen ansprechen möchte.

Nehmen Sie sich jetzt ausgiebig Zeit zum Schlendern und Fotografieren, d.h. mindestens 1 ½ Stunden, und suchen Sie sich dann wieder einen ruhigen Platz.

Zum Nachdenken und Nachbeten

Und nun schauen Sie in Ruhe Ihre gerade gemachten Fotos an. Blicken Sie darauf und überlegen Sie, was diese Bilder über Ihren Glauben aussagen, was sie von Ihnen und Ihrer Beziehung zu Gott erzählen, und nehmen Sie das mit hinein in ein Gebet in Stille.

Wie immer besteht danach die Möglichkeit, manches hier schriftlich festzuhalten:

Hinweis für eine Gruppe:

Ein Bild sagt mehr als tausend Worte

Nach der Gebetszeit sucht sich jeder und jede in der Gruppe ein Foto aus und erzählt davon, warum gerade dieses Bild sie oder ihn anspricht und was es für ihn oder sie aussagt.

Was bleibt vom Tag

Sich berühren lassen – *Katakombe Marcellino e Pietro*

Adresse: Via Casilina 641, 00177 Rom
Öffnungszeiten: Freitag–Mittwoch 10:00 Uhr–12:00 Uhr und 14:00–17:00 Uhr
Material: eine oder mehrere Seiten Papier
Hinweis: *Reservierungen und Informationen unter: www.santimarcellinoepietro.it*
Bitte geben Sie auch an, dass Sie sich besonders für das Fresko der blutflüssigen Frau (affresco dell'Emorroissa) interessieren.
Hinweis: *Wenn Sie die Straßenbahn RMG (Richtung Centocelle) in der Via Giovanni Giolitti nehmen und an der Haltestation Berardi aussteigen, sehen Sie auf der gegenüberliegenden Straßenseite schon den Eingang zur Katakombe und die dazugehörige Basilika.*

Gebet für den Tag

Jesus,
hilf mir in meiner Hilflosigkeit,
heile mich in meiner Krankheit
und sei bei mir in meinen Fragen und Sorgen.
Auch wenn ich manchmal ängstlich erscheine,
sehne ich mich nach Dir.
Begleite mich,
du Weg, Wahrheit und Leben.
Amen.

Rom hat über 60 Katakomben. Engmaschig und weitläufig, tief und breit durchziehen sie die weichen Tuffsteinböden um die alte Stadt. Es war verboten, Menschen innerhalb des Stadtgebiets zu bestatten, deshalb liegen alle Katakomben außerhalb, an den alten Ausfallstraßen.

Die wenigsten dieser Grabstätten sind für die Öffentlichkeit zugänglich. Einige wenige sind für Besucher offen. Die Katakomben an sich wären schon eine eigene Meditation wert, ihre Geschichte, ihre Räume und Riten, ihre Zeichen und Bilder von Vertrauen und Hoffnung, doch wollen wir heute ein ganz bestimmtes Bild in einer ganz bestimmten Katakombe entdecken: das Bild der Heilung der blutflüssigen Frau in der Katakombe der Heiligen Marcellinus und Petrus.

Die Katakombe liegt an der Via Casilina, direkt neben dem Mausoleum der heiligen Helena, der Mutter von Kaiser Konstantin (siehe S. 137).

An diesem Ort existierte schon seit dem 2. Jahrhundert ein Friedhof für die kaiserliche Leibwache. Im 3. Jahrhundert entwickelte er sich zu einer christlichen Katakombe, in der viele Märtyrer der Christenverfolgungen unter Kaiser Diokletian beigesetzt wurden: Marcellinus, Petrus (nicht der Apostel), die vier Gekrönten (siehe S. 86) und 30 bis 40 weitere.

Die Fresken hier mit Szenen aus dem Alten und Neuen Testament stammen vor allem aus dem 3. und 4. Jahrhundert; und eine davon interessiert uns heute ganz besonders.

Doch bevor Sie in die Katakombe gehen und neben vielem anderen unser heutiges Bild sehen werden, wollen wir die biblische Grundlage dafür auf uns wirken lassen.

Die Heilung einer kranken Frau (Mk 5,24b–34)

Viele Menschen folgten Jesus und drängten sich um ihn. Darunter war eine Frau, die schon zwölf Jahre an Blutfluss litt.

Sie war von vielen Ärzten behandelt worden und hatte dabei sehr zu leiden; ihr ganzes Vermögen hatte sie ausgegeben, aber es hatte ihr nichts genutzt, sondern ihr Zustand war immer schlimmer geworden. Sie hatte von Jesus gehört. Nun drängte sie sich in der Menge von hinten heran und berührte sein Gewand. Denn sie sagte sich: Wenn ich auch nur sein Gewand berühre, werde ich geheilt. Und sofort versiegte die Quelle des Blutes und sie spürte in ihrem Leib, dass sie von ihrem Leiden geheilt war.

Im selben Augenblick fühlte Jesus, dass eine Kraft von ihm ausströmte, und er wandte sich in dem Gedränge um und fragte: Wer hat mein Gewand berührt?

Seine Jünger sagten zu ihm: Du siehst doch, wie sich die Leute um dich drängen, und da fragst du: Wer hat mich berührt?

Er blickte umher, um zu sehen, wer es getan hatte.

Da kam die Frau, zitternd vor Furcht, weil sie wusste, was mit ihr geschehen war; sie fiel vor ihm nieder und sagte ihm die ganze Wahrheit.

Er aber sagte zu ihr: Meine Tochter, dein Glaube hat dich gerettet. Geh in Frieden! Du sollst von deinem Leiden geheilt sein.

Nun gehen wir in die Katakombe. Wenn Sie dann vor dem Bild der blutflüssigen Frau stehen, schauen Sie es sich bitte gut an.

Diese Frau ist verzweifelt. Sie hat die Augen vor Schreck weit aufgerissen und traut sich nicht einmal, Jesus anzuschauen. Ihr Blick ist leer. Ihr Blick spiegelt ihre Perspektivlosigkeit angesichts ihrer Krankheit wider. Nur diese eine Berührung; das ist alles, was sie will. Nicht einmal Jesus selbst will sie berühren, sondern nur sein Gewand. Das muss reichen. Mehr traut sie sich auch gar nicht. Sie schämt sich dafür, und trotzdem hängt all ihre Hoffnung daran.

Er wiederum hat sich schon umgewendet und sieht sie an. Er streckt seine Hand aus. In aller Offenheit. Es scheint fast so, als wolle er sie aufrichten, damit sie auf Augenhöhe sind. Die Frau soll weder in ihrer Krankheit noch in ihrer Ängstlichkeit und Heimlichkeit bleiben.

Gott ist für alle da.

Hinweis für eine Gruppe:
Gemeinsam den Tod und das Leben feiern

Wenn Sie einen Gottesdienst mit der Gruppe in der Katakombe feiern möchten, dann ist dies hier möglich, muss aber bei der Anmeldung gesagt werden.

Es ist für viele Gruppen sehr passend, in den Katakomben oder in einer dazugehörigen Kirche Gottesdienst zu feiern.
Das würde sich auch hier anbieten, gerade hier, von so viel Tod umgeben, das Leben zu feiern. Zu feiern, dass Gott es gut mit uns meint im Leben und im Tod, dass er Heilung für uns möchte, wie für die blutflüssige Frau.
Gewiss auch sehr passend ist es, dieses Evangelium im Gottesdienst noch einmal zu lesen. Ebenso wären freie, persönliche Fürbitten angebracht.

Zum Nachdenken und Nachbeten

Suchen Sie sich nach Ihrem Katakombenbesuch wieder einen ruhigen Ort, vielleicht in der Basilika nebenan.
Lesen Sie noch einmal in Ruhe das Evangelium und holen Sie sich bitte das Bild noch einmal vor Ihr inneres Auge.
Versuchen Sie, sich in diese Frau hineinzuversetzen:
Gibt es Dinge, Eigenschaften, Situationen, die Sie mit sich herumtragen und die Sie bedrücken?
Für die Sie sich vielleicht sogar schämen?
Oder vielleicht auch ganz konkrete Krankheiten oder Angewohnheiten, die Sie gerne los wären?

....

....

Können Sie die Sehnsucht dieser kranken Frau nach Heilung nachempfinden?

....

....

Wie geht es Ihnen mit diesem Jesus? Hat er etwas mit dieser Sehnsucht zu tun?
Haben Sie schon einmal versucht, ihn oder sein Gewand zu berühren? Mit ihm in Kontakt zu treten? Wenn »ja«, wo und wie?

....

....

....

Vertiefung

Keiner von uns hat die Möglichkeit, Jesus oder auch nur sein Gewand zu berühren; und doch kennen wir vielleicht die Sehnsucht, die damit verbunden ist. Die Sehnsucht nach Heilung, die Sehnsucht nach Nähe, vielleicht auch einfach die Sehnsucht nach einer Antwort auf eine offene Lebensfrage.

Diese Sehnsucht kann etwas mit mir selbst zu tun haben, aber vielleicht auch mit anderen Menschen oder im Hinblick auf sie.

Nehmen Sie bitte Stift und Papier zur Hand und schreiben Sie einen Brief. Schreiben Sie einen Brief an Jesus mit allem, was Sie bewegt. Mit allen Fragen und allen Sehnsüchten, die Sie in sich tragen. Schreiben Sie ihm von Ihren Unsicherheiten, von dem, was Sie belastet, von allem, worum Sie für sich oder für andere beten möchten, und wo und wie Sie um Heilung bitten.

Gerade weil Sie ihn nicht so einfach berühren können, ist dies vielleicht eine gute Möglichkeit, in seine Nähe zu kommen.

Nehmen Sie diesen Brief bitte in den nächsten Tagen mit ins Gebet, d.h., tragen Sie ihn mit sich herum und dadurch auch alles, was Sie bewegt.

Hinweis: *Vielen Menschen hilft es immer noch, in einem Beichtgespräch das eine oder andere anzusprechen und loszuwerden. Vielleicht wäre das für Sie auch jetzt oder irgendwann in den kommenden Tagen eine Option.*

Dafür könnte der Petersdom ein guter Ort sein. Dort kann man in mehreren Sprachen beichten, und es ist am jeweiligen Beichtstuhl angeschrieben, wo es auch in Deutsch möglich ist.

Manche fragen sich jetzt vielleicht: Bringt das denn etwas? Die Antwort: Einen Versuch ist es allemal wert.

Hinweis für eine Gruppe:

Gegenseitiges Stützen und Tragen

Material: Briefumschläge

Jeder und jede steckt den geschriebenen Brief in einen Umschlag, klebt diesen zu und schreibt mit Bleistift seinen Namen darauf. Die Briefe werden nun in einen Korb oder einfach mit den Namen nach unten auf den Boden oder in einer Kapelle auf den Altar gelegt.

Jeder und jede darf nun einen Brief ziehen und ihn die Tage über behalten und dadurch auch die Anliegen des/der anderen im Gebet und ganz konkret mit sich tragen.

Irgendwann nach der Reise, vielleicht nach ein paar Wochen, vielleicht aber auch nach ein paar Monaten, schickt dann jeder und jede den Brief an seinen/ihren Schreiber. So kann sich jeder auch später noch daran erinnern, was einen auf der Reise bewegt hat.

Was bleibt vom Tag

Sieben Tage Exerzitien mit Rom | **5. Tag:**

Jesus im Leid begegnen – Geißelung – *Kirche San Pietro in Montorio und Engelsbrücke*

Adresse: Piazza di S. Pietro in Montorio 2, 00153 Rom
Öffnungszeiten: Täglich 08:30–12:00 Uhr und
Montag bis Freitag 15:00–16:00 Uhr
Material: Internetfähiges Smartphone

Gebet für den Tag

Herr,
Leid gehört zu unserem Leben.
Tod gehört zu unserem Leben.
Du selbst hast das als Mensch erfahren.
Dein Mitleiden gehört zu unserem Glauben.
Dein Mitsterben gehört zu unserem Glauben.
Bestärke uns darin,
dass nichts, weder Leben noch Tod,
uns von Dir und Deiner Liebe trennen kann.
Amen.

Nachdem wir uns gestern im römischen Untergrund bewegt haben, geht es heute hoch hinaus auf den Gianicolo. Genauer gesagt: in die Kirche San Pietro in Montorio, die Kirche des heiligen Petrus »auf dem Goldberg« (Monte d'oro). Dieser Beiname ist vermutlich eine Anspielung auf das gelbliche Erdreich auf diesem römischen Hügel.
Ganz nebenbei: Neben unserem heutigen Ziel ist der Gianicolo immer einen Spaziergang und einen Ausblick auf die Dächer Roms wert.

Aber gehen wir nun in die Kirche hinein und wenden wir uns gleich der ersten Kapelle auf der rechten Seite zu. Dort sehen wir die »Geißelung Christi« (1516–1524) von Sebastiano del Piombo (* um 1485 in Venedig; † 15. Juni 1547 in Rom), einem Freund und Bewunderer Michelangelos. Vielleicht stammt sogar der Erstentwurf von Letzterem.

Hinweis: *Die Seitenkapelle kann unter Umständen ein wenig dunkel sein. In diesem Fall können Sie einfach in der Sakristei fragen, ob das Licht dort angemacht werden kann.*

Wir sehen einen kräftigen, bis dato unversehrten, jungen Mann. Er sieht so aus, als könnte er einiges aushalten und einstecken … – und das muss er auch.

Er ist umringt und umzingelt von den Soldaten, die auf ihn einpeitschen. Sie sind gerade dabei, mit ihren Peitschen auszuholen. Es beginnt just in diesem Moment, und Jesus scheint sich seinem Schicksal einfach zu ergeben.

Gestern sahen wir eine Frau, die es vor lauter Scham fast nicht geschafft hat, Jesus anzublicken. Heute begegnen wir Menschen, die damit kein Problem zu haben scheinen. Gestern ging es um eine zarte Berührung. Heute geht es auch um Berührung, aber um eine Berührung ganz anderer Art …

Es wird nicht bei der Auspeitschung bleiben. Nach der körperlichen Folter wird sich der Spott anschließen. Es leidet der ganze Mensch Jesus Christus.

»Seht, der Mensch!«

Das Todesurteil (Joh 19,1–5)

Darauf nahm Pilatus Jesus und ließ ihn geißeln.

Die Soldaten flochten einen Kranz aus Dornen; den setzten sie ihm auf das Haupt und legten ihm einen purpurroten Mantel um.

Sie traten an ihn heran und sagten: Sei gegrüßt, König der Juden! Und sie schlugen ihm ins Gesicht.

Pilatus ging wieder hinaus und sagte zu ihnen: Seht, ich bringe ihn zu euch heraus; ihr sollt wissen, dass ich keine Schuld an ihm finde.

Jesus kam heraus; er trug die Dornenkrone und den purpurroten Mantel. Pilatus sagte zu ihnen: Seht, der Mensch!

Lassen Sie dieses Bild und alles, was dazugehört, in Ruhe auf sich wirken, und nehmen Sie sich eine Zeit der Stille in der Kirche.

Ganz nebenbei: Im Innenhof dieses ehemaligen Klosterkomplexes befindet sich der sogenannte Tempietto di Bramante, ein hübscher, kleiner Rundtempel, der als besonderes Beispiel für die Architektur der Hochrenaissance gilt. Wenn Sie die Kirche verlassen und sich links halten, sehen Sie ihn schon durch das Gitter hindurch. Gehen Sie daran vorbei und betreten Sie das Gebäude direkt vor Ihnen, in dem die Spanische Akademie in Rom untergebracht ist. Linker Hand werden Sie dann durch den alten Kreuzgang und ein paar Räume zu dem wunderbaren Tempel geführt.

Zum Nachdenken und Nachbeten

Was ist, wenn man in einer Situation ist, in der man nicht mehr weiterweiß?
Wenn man dem Leben und allem, was es an Abgründen und Sorgen zu bieten hat, ausgeliefert zu sein scheint.
Wenn alle Worte gesagt sind.
Es keinen anderen Ausweg zu geben scheint.
Wenn alle Hoffnungen verloren sind.
Es sind nicht immer Peitschen, Ruten und Dornenkronen, die uns zu schaffen machen, aber jeder und jede von uns hat seine oder ihre kleinen oder auch großen Päckchen im Leben zu tragen und bekommt seine ganz eigenen Peitschenhiebe und Dornenkronen.

Suchen Sie sich einen ruhigen Ort, wo Sie eine Internetverbindung haben, und hören und sehen Sie sich folgendes Lied an. Wenn Sie etwas nicht verstehen, macht das nichts, das Lied spricht nicht nur durch seinen Text, denn Passenger singt es selbst: Was gibt es noch zu sagen, wenn jedes Wort schon gesprochen wurde?

Passenger – Golden Leaves

Scan me

Welche Bilder gehen Ihnen gerade durch den Kopf und welche Emotionen durch Ihr Herz?

....

....

....

....

Hinweis für eine Gruppe:
Gemeinsames Schweigen

Es gibt Situationen, bei denen es nichts mehr zu sagen gibt und man vielleicht auch überhaupt nichts mehr sagen kann. Gerade angesichts von Leid und Tod.
Es kommt nicht von ungefähr, dass viele Menschen und Gruppen nach einem schlimmen Vorfall eine Schweigeminute abhalten. Manchmal kann es hilfreich sein, gemeinsam zu schweigen, sich gegenseitig in der Stille zu stützen, gerade dort, wo es keine Worte mehr gibt und jedes Wort sogar zu viel sein kann.
Suchen Sie sich einen Ort, wo Sie als Gruppe eine Zeitlang bleiben können, in einer Kirche oder irgendwo auf dem Gianicolo.
Zu Beginn singen alle gemeinsam »Schweige und höre«, dann kann jemand noch einmal den Evangeliumstext lesen und/oder Sie hören gemeinsam nochmals das Lied »Golden Leaves« an.
Anschließend halten alle gemeinsam 15 Minuten (bei einer geübten Gruppe kann es auch länger sein) Stille, damit jeder und jede bei sich sein kann und dem nachhorchen kann, was die Worte und/oder die Musik in ihm/ihr auslösen.
Zum Abschluss singen alle nochmals »Schweige und höre« und beten ein Vaterunser.

Vertiefung – Engelsbrücke

Adresse: Ponte Sant' Angelo, 00186 Rom

Nachdem wir heute Morgen schon dem Leiden Jesu nachgegangen sind, wollen wir genau das an einem anderen Ort fortführen.

Viele Menschen folgen betend der Passion Jesu, indem sie seinen Kreuzweg betrachten und darin seinem Leidensweg ein Stück weit nachgehen und nachbeten. Wir wollen heute einen ganz eigenen Kreuzweg betrachten, und dieser Weg führt uns auf die Engelsbrücke und gleichzeitig zurück zu einem inzwischen alten Bekannten: Gian Lorenzo Bernini.

In den Jahren 1667 bis 1669 befasste er sich mit der Ausgestaltung dieser Brücke, die von der Altstadt über den Tiber zur Engelsburg führt. Es ist die alte Brücke (ursprünglich aus dem 2. Jh. n. Chr.), über die viele Pilger seit Jahrhunderten den Tiber überqueren, um zum Vatikan zu gelangen. »Eine Prachtstraße des himmlischen Heeres, errichtet, um die Gläubigen beim Schrein des großen Apostels willkommen zu heißen«, so soll der damalige Papst dazu gesagt haben.

Bernini hat nicht nur die Gestaltung der Brücke an sich entworfen, sondern auch die unterschiedlichen Engel dazu. Zwei davon schuf er sogar selbst – denjenigen mit der Schriftrolle und jenen mit der Dornenkrone. Die beiden, die heute wachend und mahnend auf der Brücke stehen, sind allerdings Kopien. Die Originale stehen zu ihrem Schutz in der Kirche Sant' Andrea delle Fratte in der Altstadt. Alle anderen Engel wurden von Schülern Berninis gestaltet.

Am Eingang der Brücke, von der Altstadt her, sehen wir Petrus und Paulus stehen, zwei Statuen aus dem frühen 16. Jahrhundert, die die Pilger auf ihrem Weg begrüßen sollen.

Nehmen Sie sich bitte wieder ein wenig Zeit und betrachten Sie alle diese Engel auf der Brücke einzeln. Achten Sie auf ihre Haltungen, ihre Gesichter und vor allem auf das, was sie in Händen tragen. Vieles davon sind Folterwerkzeuge. Nichts, was man anbeten könnte; und doch sind das alles Dinge, die etwas mit dem Leiden und Tod Jesu und somit auch gleichzeitig mit unserem christlichen Glauben und Hoffen zu tun haben.

Vielleicht können Sie in Ihrer Betrachtung bei jedem dieser Engel ein kurzes Gebet sprechen, vielleicht ein Vaterunser, vielleicht ein freies Gebet, das Gebet für den Tag und vielleicht dabei auch an einen Menschen denken, der das Gebet jetzt gerade brauchen könnte.

Zum Nachdenken und Nachbeten

Nehmen Sie sich wieder etwas Zeit.
Welche Passionswerkzeuge haben Sie besonders beeindruckt, abgeschreckt oder betroffen gemacht?

Gibt es »Passionswerkzeuge« in meinem Leben, die mir das Leben und Lieben schwer machen? Das können Dinge, Situationen, aber manchmal auch Menschen sein?

Wo und wie fühle ich mich hilflos, ausgeliefert und gequält?

Schreiben Sie bitte ein Gebet, ein Gebet für Menschen in Not.
Vielleicht für einen konkreten Menschen in Ihrem Leben.
Vielleicht aber auch für sich selbst.

Hinweis für eine Gruppe:
Gemeinsames Fürbittgebet

An diesem Abend nach so viel Leid und Passion ist es vielleicht angebracht, gemeinsam für Menschen in Not zu beten und zu bitten.
Vielleicht können diese Fürbitten in einen gemeinsamen Gottesdienst integriert werden oder in ein einfaches Abendgebet. Dieses kann mit einem Lied und mit diesen oder ähnlichen Worten beginnen:

Herr, wir sind heute Deinem Leiden nachgegangen.
Viele Menschen in unserer Umgebung und auf der ganzen Welt leiden auch aus unterschiedlichsten Gründen.
Wir wollen sie und uns nun in den Blick nehmen und in der Stille oder laut ausgesprochen für sie beten.

Das Ganze kann dann mit einem Vaterunser und einem Lied abgeschlossen werden.

Was bleibt vom Tag

Sieben Tage Exerzitien mit Rom | **6. Tag:**

Jesus in der Auferstehung begegnen
Campo Verano

Adresse: Piazzale del Verano 1, 00185 Rom
Öffnungszeiten: Täglich 7:30–18:00 Uhr

Gebet für den Tag

Herr,
unser Glaube lebt aus der Begegnung mit Dir,
aus der Hoffnung, die daraus erwächst,
aus dem Vertrauen, das daraus erblüht,
aus der Liebe, die daraus Früchte trägt.
Sei bei uns und begegne uns
in Wort, Brot und Berührung,
immer wieder neu.
Amen.

Nach dem Leid und Tod des gestrigen Tages suchen wir heute ein wenig mehr Frieden und gehen dafür auf einen Friedhof. Genauer gesagt: auf den Campo Verano, den Hauptfriedhof Roms, der sich hinter San Lorenzo fuori le Mura (siehe S. 133) einer der sieben Pilgerkirchen, auftut.

Hier findet sich ein riesiges Gelände mit unzähligen Gräbern, ein wirkliches Meer von Grabsteinen und Mausoleen.

Aber es soll hier nicht um den Tod gehen, sondern darum, was dieser Ort vom Leben, Glauben, Hoffen, Vertrauen und Lieben erzählt.

Werfen wir jedoch zuerst einen Blick darauf, wie es Maria Magdalena auf einem Friedhof ergangen ist.

Jesus begegnet Maria aus Magdala (Joh, 20,11–18)

Maria stand draußen vor dem Grab und weinte. Während sie weinte, beugte sie sich in die Grabkammer hinein.

Da sah sie zwei Engel in weißen Gewändern sitzen, den einen dort, wo der Kopf, den anderen dort, wo die Füße des Leichnams Jesu gelegen hatten. Diese sagten zu ihr: Frau, warum weinst du? Sie antwortete ihnen: Sie haben meinen Herrn weggenommen und ich weiß nicht, wohin sie ihn gelegt haben.

Als sie das gesagt hatte, wandte sie sich um und sah Jesus dastehen, wusste aber nicht, dass es Jesus war.

Jesus sagte zu ihr: Frau, warum weinst du? Wen suchst du? Sie meinte, es sei der Gärtner, und sagte zu ihm: Herr, wenn du ihn weggebracht hast, sag mir, wohin du ihn gelegt hast! Dann will ich ihn holen.

Jesus sagte zu ihr: Maria! Da wandte sie sich um und sagte auf Hebräisch zu ihm: Rabbuni!, das heißt: Meister.

Jesus sagte zu ihr: Halte mich nicht fest; denn ich bin noch nicht zum Vater hinaufgegangen. Geh aber zu meinen Brüdern und sag ihnen: Ich gehe hinauf zu meinem Vater und eurem Vater, zu meinem Gott und eurem Gott.

Maria von Magdala kam zu den Jüngern und verkündete ihnen: Ich habe den Herrn gesehen. Und sie berichtete, was er ihr gesagt hatte.

Nehmen Sie sich bitte Zeit und machen Sie einen Spaziergang über den Friedhof. Gehen Sie einfach dorthin, wo es Sie jetzt gerade hinzieht.

Sehen Sie sich bitte in Ruhe die Grabsteine auf Ihrem Weg an und schauen und lesen Sie, was diese Steine von den jeweiligen Verstorbenen erzählen, von der Trauer der Angehörigen, aber vor allem von ihrem Hoffen, Vertrauen und Glauben.

Vielleicht können Sie auch – wie Maria von Magdala – ganz unverhofft nicht nur dem Tod, sondern auch dem Leben begegnen.

Zum Nachdenken und Nachbeten

Setzen Sie sich bitte wieder irgendwohin und nehmen Sie sich Zeit, ihren Eindrücken in Ruhe nachzugehen.

Was haben Sie gesehen?

Was wurde Ihnen hier vom Leben und Sterben, aber vor allem vom Hoffen, Vertrauen und Glauben erzählt? Berichten Sie nun von dem, was Sie gesehen und erfahren haben.

Hinweis für eine Gruppe:
Bilder vom Leben und Hoffen

Material: Digitale Kamera oder Smartphone

Hier ist noch einmal eine gute Gelegenheit, mit Smartphone oder digitaler Kamera zu arbeiten.
Jeder und jede darf auf dem persönlichen Weg durch den Friedhof die für ihn oder sie besonderen Grabsteine, Bilder, Figuren und Worte auf den Gräbern fotografieren.
Danach darf jeder und jede wieder eines davon aussuchen und der Gruppe mitteilen und dabei auch die Frage beantworten: Welche Menschen und Hoffnungen haben mich besonders angesprochen und beeindruckt?

Vertiefung

Der Tod und das Leben haben uns heute Morgen begleitet.

Nicht nur Maria von Magdala kam Jesus aus seinem Tod heraus entgegen. Nicht nur sie hat er angesprochen, auch einige der Jünger haben dies erlebt. Die zwei Jünger, die auf dem Weg nach Emmaus waren zum Beispiel, oder auch der fordernde Apostel Thomas oder die Jünger, die zurück am See Genezareth wieder in ihrem Alltag als Fischer angelangt waren. All denen ist Jesus auch erschienen.

Wenn wir die Osterevangelien anschauen, stellen wir fest, dass Jesus jedem dieser Menschen auf ganz unterschiedliche Weise entgegengekommen ist, mit ganz eignen Worten, mit anderen Gesten und in unterschiedlichen äußerlichen und innerlichen Berührungen. Oft war es nur ein kurzer und kleiner Augenblick, und doch hat dieser Augenblick in diesen Menschen alles verändert.

osterbegegnungen

es ist nur ein senfkorn

ein ausgesprochener name
ein gebrochenes brot
eine angebotene berührung

nur ein moment
und sei er auch
der kleinste unter den augenblicken

hineingepflanzt
in die grabesdunkelheit
und todeseinsamkeit

er wird wachsen
und das leben
wird sich darin einnisten

aber wie gesagt
es ist nur ein senfkorn

(Wolfgang Metz)

Zum Nachdenken und Nachbeten

Nehmen Sie sich wieder Zeit, um an einem ruhigen Ort zu fühlen, zu denken und zu beten.

Paulus schrieb einmal an die Korinther:
»Ist aber Christus nicht auferweckt worden, dann ist unsere Verkündigung leer, leer auch euer Glaube« (1 Kor 15,14).
Was hatte und hat die Auferstehung Jesu mit Ihrem Leben, Glauben und Hoffen zu tun?

....

....

Wo erleben Sie Christus, den Auferstandenen?

....

....

Was ist Ihr »Senfkorn« und wenn es auch noch so klein und unbedeutend scheint?

....

....

Was half und hilft Ihnen im Glauben und Hoffen an Jesus Christus?

....

....

Hinweis für eine Gruppe:
Den Glauben teilen

Material: Kerze, Senfkörner

Der Glaube lebt von der Begegnung mit Christus, und wir brauchen immer wieder Symbole und Rituale, um diese Begegnung erfahrbar zu machen.
Der Glaube lebt aber auch von der Begegnung mit Christen, davon, dass wir unseren Glauben gemeinsam feiern und teilen. Stellen Sie bitte im Rahmen eines Abendgebetes oder als Teil des Tagesabschlusses eine Kerze in Ihre Mitte oder auf den Altar oder auf einen Tisch (je nachdem, wo die Gruppe in diesem Moment ist).
Nach einem gemeinsamen Gebet und/oder einem Lied bekommt jeder und jede ein Senfkorn.
Nun wird ein paar Minuten Stille gelassen und jeder und jede darf das Senfkorn betrachten und sich an die Einzelreflexion erinnern.

Was sind meine Senfkörner des Glaubens?
Wo wird Auferstehung in meinem Leben spürbar?

Nach dieser Stille darf jeder und jede sein/ihr Senfkorn in die Nähe der Kerze legen und ein Wort oder ein paar kurze Gedanken dazu sagen und damit auch den eigenen Glauben (mit)teilen. Zwischen jedem Senfkorn kann immer »Meine Hoffnung und meine Freude« oder ein anderes Lied gesungen werden.

Abschließend wird gemeinsam ein Vaterunser gebetet und danach ein Gebet und ein Segen gesprochen.

Was bleibt vom Tag

Sieben Tage Exerzitien mit Rom | **7. Tag:**

Jesus nachfolgen – *Santa Maria in Palmis (Domine quo vadis?) und Via Appia*

Adresse: Via Appia Antica 51, 00179 Rom
Öffnungszeiten: Täglich 08:00–19:30 Uhr

Gebet für den Tag

Herr,
begleite uns auf unseren Wegen,
wohin sie auch führen.
Hilf uns, wenn wir den richtigen Weg nicht finden,
und hilf uns, auf Deine Stimme zu hören.
In und durch Christus, unseren Bruder und Herrn.
Amen.

Gestern ging es um die Auferstehung, was kann dann heute noch kommen? Nur eine Frage kann sich nunmehr anschließen: Was machen wir aus alldem? Aus dem Erlebten und Erfahrenen, aber vor allem aus dem, was uns gestern bewegt hat? Kurz: Wie geht es mit unserem alltäglichen Leben weiter?

Dafür hat uns unser heutiger Weg schon etwas aus der Stadt vor die alten Stadtmauern hinausgeführt. Wir befinden uns an der Via Appia Antica vor der Kirche Santa Maria in Palmis, besser bekannt unter dem Namen »Domine quo vadis?«. Was hat es mit diesem Ort auf sich? Eine Legende aus dem apokryphen Text der Petrusakte erzählt, dass der Apostel Petrus vor der Christenverfolgung aus Rom fliehen wollte und auf der Via Appia hier an diesem Ort dem auferstandenen Jesus begegnet sei und ihn, ähnlich wie in Johannes 13,36, gefragt haben soll: »Quo vadis, domine?« – »Wohin gehst du, Herr?« Und Jesus soll geantwortet haben: »Ich gehe nach Rom, um mich erneut kreuzigen zu lassen.« Daraufhin erkannte Petrus, dass er eigentlich bei seiner Gemeinde in Rom bleiben sollte, und kehrte in die Stadt zurück, wo er dann auch gekreuzigt wurde. Doch Petrus fühlte sich nicht würdig, auf die gleiche Weise wie Jesus zu sterben, und ließ sich deshalb, der Legende nach, kopfüber ans Kreuz schlagen.

Gehen wir nun in die Kirche. Diese wurde im 9. Jahrhundert an diesem Ort errichtet. Wenn Sie hineingehen, dann sehen Sie gleich am Boden einen Stein, der in ein Gitter gefasst ist und zwei Fußabdrücke zeigt.

Diese Fußabdrücke sollen von Jesus sein, deswegen auch der Name der Kirche »in Palmis«, was so viel wie »Fußflächen« heißt. Wahrscheinlich war dieser Stein eine Votivtafel aus einem alten Tempel. Aber wie auch immer: Durch die Legende gehört er jetzt an diesen Ort und auch zu uns heute. Es geht um die Fußabdrücke Jesu in meinem Leben, um meine und seine Fußabdrücke der vergangenen Tage und jetzt auch darum, wo und wie diese gemeinsamen Fußabdrücke »weitergehen«.

Zum Nachdenken und Nachbeten

Gehen Sie aus der Kirche und wenden Sie sich nach links. Sie stehen nun vor einer Weggabelung. Folgen Sie links der Via Appia Antica.
Ein wundervoller Weg, um spazieren zu gehen, deshalb: Gehen Sie spazieren.
Petrus soll hier, wie gehört, Christus begegnet sein und daraufhin gewusst haben, wohin ihn sein Weg führt, nämlich in die Nachfolge Jesu.

Wohin führt Sie Ihre Christusnachfolge?
Nehmen Sie sich ausgiebig Zeit für diesen Spaziergang und überlegen Sie sich, wie es jetzt für Sie in den nächsten Tagen und Wochen weitergehen wird.
Was wollen Sie aus den vergangenen Tagen mit in die nächsten Tage und Wochen nehmen?
Vielleicht steht auch eine Entscheidung an, oder eine Entscheidung ist, wie bei Petrus damals, schon gefallen und wird auf dem Weg nochmals überdacht.
Vielleicht hilft es auch, wie bei einer Weggabelung, in Gedanken in die eine und in die andere Richtung zu gehen.
Was sind Pro und Contra des einen oder des anderen Weges?

Hinweis für eine Gruppe:

Gemeinsam gehen

Gehen Sie diesen Weg vielleicht anfangs jeder und jede für sich, aber bilden Sie dann Zweiergruppen. Vielleicht sogar die Zweiergruppen vom ersten Tag.
Gehen Sie nun gemeinsam ein Stück des Weges. Reden Sie über das, was Sie in den kommenden Tagen und Wochen von dem Erfahrenen mitnehmen wollen. Manches bekommt eine andere Realität, wenn man ein Gegenüber hat und es jemandem erzählen kann.
Zuerst erzählt nur einer bzw. eine zehn Minuten lang. Der oder die andere geht nur mit und hört zu. Schweigend und gehend. Dann gehen Sie beide bitte zwei oder drei Minuten in Stille. Danach erzählt der bzw. die andere zehn Minuten, woran sich wieder zwei oder drei Minuten Schweigen anschließen.

Nehmen Sie sich bitte vor und sagen Sie sich zu, dass Sie in den kommenden Tagen und Wochen füreinander beten werden.
Zum Abschluss treffen sich alle noch einmal, schweigen einen Moment miteinander und singen gemeinsam »Schweige und höre«.

Vertiefung

Wo geht unser Weg hin? Das war heute Morgen schon und ist jetzt die entscheidende und bleibende Frage auf unserem Weg.

»Bleiben« ist ein wichtiges Wort im Johannesevangelium. Nicht im Sinne von »Stehenbleiben«, sondern das Bleiben in der Liebe und in Christus ist damit gemeint: auf dem Weg bleiben und gerade dabei in der Liebe und bei Christus bleiben.

Wir sind heute schon einmal Petrus und Christus begegnet.

Diese beiden sollen nun nochmals zu Wort kommen und diese vergangenen Tage abschließen und vielleicht auch nochmals fokussieren.

Hören wir den beiden also noch einmal zu:

Aus dem Johannesevangelium (Joh 21,15–17)

Als sie gegessen hatten, sagte Jesus zu Simon Petrus: Simon, Sohn des Johannes, liebst du mich mehr als diese? Er antwortete ihm: Ja, Herr, du weißt, dass ich dich liebe. Jesus sagte zu ihm: Weide meine Lämmer!

Zum zweiten Mal fragte er ihn: Simon, Sohn des Johannes, liebst du mich? Er antwortete ihm: Ja, Herr, du weißt, dass ich dich liebe. Jesus sagte zu ihm: Weide meine Schafe!

Zum dritten Mal fragte er ihn: Simon, Sohn des Johannes, liebst du mich? Da wurde Petrus traurig, weil Jesus ihn zum dritten Mal gefragt hatte: Liebst du mich? Er gab ihm zur Antwort: Herr, du weißt alles; du weißt, dass ich dich liebe.

Jesus sagte zu ihm: Weide meine Schafe!

Zum Nachdenken und Nachbeten

Nehmen Sie sich, wie nun schon so oft, noch einmal an einem ruhigen Ort die Zeit, um Ihren Gefühlen, Ihren Gedanken und Ihrem Herzen nachzugehen.
Stellen Sie sich vor: Sie sind jetzt dieser Petrus. Sie werden von Jesus gefragt: Liebst du mich?
Was würden Sie ihm antworten?

Warum fragt Jesus immer wieder? Es muss doch für Petrus unangenehm gewesen sein. Hat Jesus ihm seine Antwort nicht abgenommen? Hätte er etwas Anderes antworten sollen? Vielleicht hat diese Fragerei aber auch einen ganz anderen Grund …

Die Frage nach der Liebe

dreimal fragst du mich
das schmerzt
warum fragst du immer wieder
du weißt es doch

oder willst du es einfach hören
immer wieder hören
fragst du damit ich es nie vergesse
und immer neu sagen lerne

ja dann frage mich
frag immer wieder
frag immer neu
ach höre nie auf zu fragen

(Aus: Andreas Knapp, Weiter als der Horizont – Gedichte über alles hinaus, Würzburg 2002, S. 57.)

Höre nie auf zu fragen. Vielleicht geht es darum. Sich immer neu von Jesus anfragen zu lassen. Dafür braucht man aber auch ein offenes Ohr und Zeiten der Ruhe und des Gebets, wo diese Anfragen Jesu überhaupt möglich sind und gehört werden können.

Was möchte ich mir vornehmen, dass ich auch weiterhin die Stimme und Anfragen Jesu in meinem Leben und Alltag hören kann?

Wie und wo möchte ich mir dafür in Zukunft Zeit nehmen?

Hinweis für eine Gruppe:
Die Vergangenheit und die Zukunft teilen

Material: Kerze, Teelichter

Am Ende von Exerzitientagen kann es sehr hilfreich sein, wenn eine Gruppe nochmals miteinander teilt, was sie erlebt und erfahren hat.
Vieles von dem Erlebten und Erfahrenen verfliegt im Alltag leider allzu schnell wieder. Manchmal hat man wenige Tage nach Exerzitien schon den Eindruck, dass man sich Gottes Gegenwart und sein Mitgehen vielleicht nur eingebildet hat.
Genau deswegen hilft es, sich gegenseitig von den vergangenen Tagen zu erzählen. Diese Tage nochmals ins Wort zu bringen und dadurch »haltbarer« zu machen. Dies kann auch im Rahmen eines Abschlussgottesdienstes geschehen.

Jeder und jede bekommt ein Teelicht. Auf dem Altar oder in der Mitte brennt eine (Oster)Kerze.
Nun darf jeder und jede erzählen: Was hat jeden und jede beschäftigt und beeindruckt? Es kommt nicht auf Vollständigkeit an. Jeder und jede darf so viel oder so wenig sagen, wie er oder sie möchte. Nichts wird diskutiert oder kommentiert. Nach jedem Erzählten, darf der-/die-jenige ihr Teelicht an der (Oster-) Kerze anzünden und auf den Altar bzw. in die Mitte stellen. Alle schweigen dann gemeinsam ein oder zwei Minuten, um das Gehörte nachwirken zu lassen; nach zwei oder drei Personen kann auch immer »Nada te turbe« oder ein anderes Lied gesungen werden.

Zum Schluss wird das Gebet des Tages gebetet und ein Segen gesprochen.

Was bleibt vom Tag

Sieben besondere Orte, die zum Gebet einladen

Das folgende Kapitel führt Sie an sieben Orte, die zum Gebet und zum Nachdenken einladen können.
Die sieben besonderen Orte können Exerzitientage in Rom ergänzen, sie können aber genauso gut eigene Wegabschnitte sein oder bei einer Gruppenreise auch als geistliche Impulse an den jeweiligen Orten benutzt werden.

Sieben besondere Orte

1. *San Clemente:* Die Apsis

Adresse: Via Labicana 95, 00184 Rom
Öffnungszeiten: Montag bis Samstag 09:00–12:30 Uhr und 15:00–18:00 Uhr; Sonntag 12:00–18:00 Uhr
Material: evtl. Farbstifte

Die Wege Roms führen uns heute an einen Ort, an dem Christen sich seit wirklich fast 2000 Jahren treffen, denn unterhalb der Kirche San Clemente gibt es Ausgrabungen, die belegen, dass es an dieser Stelle schon im 1. Jahrhundert eine christliche Hauskirche gab, die Versammlungsort und Unterschlupf gleichermaßen war. Erst durch Kaiser Konstantin und seine tolerante Politik gegenüber dem christlichen Glauben wurde dann im 4. Jahrhundert an dieser Stelle eine öffentliche Kirche errichtet: San Clemente.

Wer war aber dieser heilige Clemens?

Es heißt, er sei ein Märtyrer und Papst im 1. Jahrhundert gewesen. So einfach ist es aber leider nicht. Wir wissen, dass es einen Konsul Titus Flavius Clemens gab, der wegen seines Glaubens unter Kaiser Domitian getötet wurde. Er war ein Märtyrer, aber Papst war er nicht.

Und es gab dann auch noch den Papst Clemens, den dritten Nachfolger Petri, der uns durch einen Brief bekannt ist. Dieser war ein Papst, aber kein Märtyrer.

Wahrscheinlich ist der Patron dieser Kirche eine Mischung aus beiden. Über Papst Clemens wurde später eine schöne Legende gestülpt, wonach er als Märtyrer gestorben sei, und voilà: So schnell haben wir zwei in eins.

Eine wesentlich wahrscheinlichere Theorie besagt, dass Papst Clemens ein früherer Sklave war, und zwar von besagtem Konsul. Sklaven nahmen nämlich oft nach ihrer Freilassung den Namen ihrer früheren Herren an. Das ursprüngliche christliche Haus hier könnte das Haus des Konsuls gewesen sein. So verzwickt, wie die Geschichte des Patrons ist, so verzwickt ist auch die Baugeschichte dieser Kirche.

Aber betreten wir erst einmal die heutige Kirche. Schon beim ersten Blick fällt auf, dass es hier ein vielseitiges Sammelsurium von verschiedensten Stilen gibt.

Uns interessiert heute aber nur das Mosaik in der Apsis, eine wunderbare Arbeit aus dem 12. Jahrhundert. Es zeigt die Neuschöpfung durch das Kreuz und aus ihm heraus.

In der Mitte sehen wir Christus am Kreuz und Maria und Johannes daneben- bzw. darunterstehen. Auf dem Kreuz sind zwölf Tauben dargestellt, die die zwölf Apostel symbolisieren.

Am oberen Ende des Kreuzes sehen wir eine Hand, die eine Krone bzw. einen Siegeskranz hält. Gleichzeitig sieht es aber auch so aus, als würde diese Hand, die Hand Gottes, das Kreuz in die Erde rammen; aus dem unteren Bereich entfaltet sich dadurch die neue Schöpfung. Alle Ranken, die das ganze restliche Mosaik ausfüllen, gehen von diesem Punkt aus, und mittendrin finden sich Pflanzen, Tiere und Menschen, die alle in dieser Neuschöpfung ihren Platz gefunden haben.

Unterhalb der Ranken entspringen vier Flüsse, die die Evangelien symbolisieren, an denen die Gläubigen, dargestellt als Hirsche, ihren Durst stillen, so wie es im Psalm 42 heißt: »Wie der Hirsch lechzt nach frischem Wasser, so lechzt meine Seele nach dir, Gott.«

Darunter das »Lamm Gottes« und die zwölf Lämmer, die Apostel, die von rechts und links aus zwei Städten kommen (siehe S. 151).

Nehmen Sie sich Zeit, dieses üppige Mosaik in Ruhe zu entschlüsseln. Schauen Sie, was sich Ihnen dort alles an Tieren, Pflanzen, Menschen und Aufgaben zeigt.

Ganz nebenbei: Der Besuch der Unterkirche und der alten römischen Räumlichkeiten plus der Reste eines Mithraeums (Tempel des altpersischen Lichtgottes, dessen Kult bei römischen Legionären besonders verbreitet war) lohnen sich und geben einen guten Überblick über die wechselvolle Geschichte und Architektur dieses Ortes.

Zum Nachdenken und Nachbeten

Das Mosaik in San Clemente ist eine ganz bestimmte Darstellung der Neuschöpfung durch das Kreuz, aber wie würde Ihre ganz persönliche Darstellung aussehen?
Was ist Ihnen wichtig am Kreuz und an dem, was durch es passiert ist und passiert?
Was soll es erzählen und ausdrücken? Hat es einen Corpus oder nicht?
Malen Sie Ihr eigenes Kreuz, Ihre eigene Neuschöpfung, Ihre eigene Kreuzeswirklichkeit.
(Falls Ihnen Malen nicht liegt, dürfen Sie natürlich auch aufschreiben, was Ihnen an Ihrem eigenen Kreuz wichtig ist.)
Sie können erst beten und darüber nachdenken oder auch spontan drauflosmalen.

Sieben besondere Orte

2. *Sant'Agostino:* Madonna dei pellegrini

Adresse: Piazza di S. Agostino, 00186 Rom

Öffnungszeiten:
Täglich 09:00–12:00 Uhr und 16:00–19:00 Uhr

Unser zweiter Ort, der zum Gebet einlädt, führt uns in die Kirche Sant'Agostino, die ungefähr 150 Meter nordöstlich von der Piazza Navona liegt.

Die große Freitreppe davor führt uns hinauf in die Kirche. Gehen Sie hinein und wenden Sie sich gleich links der ersten Seitenkapelle zu.

Ursprünglich sollte Michelangelo für diese Seitenkapelle ein Altarbild anfertigen, aber er hat dies nie ausgeführt. Nachdem dann ein anderes Bild den Weg in die Kapelle gefunden hatte, wurde gut 100 Jahre später Caravaggio (siehe S. 35) beauftragt. Herausgekommen ist dieses wunderbare Bild. Wie für Caravaggio typisch: Schatten und Licht spielen eine Hauptrolle in seiner Komposition. Es heißt sogar, dass er nachts beim Schein von Fackeln gemalt habe, um diese Effekte noch deutlicher herauszuarbeiten.

Interessant bei der Darstellung vor uns ist: Dies ist kein verklärtes Marienbild, es zeigt keine Frau, die aus einem überirdischen Schönheitsideal zusammengestrickt wurde. Es ist eine ganz normale römische Frau. Nur ein schmaler Heiligenschein zeigt ihre Besonderheit an.

Einige Jahrzehnte nach der Zeit der Renaissance, d.h. nach der Zeit himmeloffener Herrlichkeit und ausgewogener Harmonie in der Malerei, tritt hier ein Maler auf, der das reale Leben mit all seiner Schönheit, aber auch mit all seinem Schmutz und seiner Brutalität zeigt.

Schauen Sie sich bitte dieses Bild in Ruhe an.

Maria ist hier nicht in den Himmel entrückt. Was sie von den Pilgern trennt, ist nur eine Stufe. Wahrscheinlich ist sie gerade erst aus ihrer römischen Mietskaserne herausgetreten. Sie und das Kind blicken auf die Pilger. Trotz des schweren Kindes im Arm scheint sie fast zu tänzeln.

Den Pilgern ist die Mühe ihres Lebens ins Gesicht und auf die dreckigen Füße geschrieben. Sie beten und bitten, aufschauend zu Mutter und Kind. Der Mann hat einen Stab dabei, vielleicht haben die beiden schon einen langen Pilgerweg hinter sich, um nun endlich an ihrem Ziel zu sein. Um Maria zu erzählen, was sie bedrückt und was sie sich von ihr erwünschen.

Ganz nebenbei: Im Hauptschiff findet sich an der dritten Säule links ein Fresko des Propheten Jesaja (1512), das von niemand Geringerem als von Raffael ist. Vorbilder dafür waren eindeutig die Prophetendarstellungen von Michelangelo in der Sixtinischen Kapelle.

Zum Nachdenken und Nachbeten

Sie selbst sind nun auch ein Pilger, der die Möglichkeit hat, Maria etwas anzuvertrauen. Ihr zu erzählen, was Sie vielleicht in Ihrem Leben bedrückt, und zu bitten, worin sie Ihnen helfen soll. Nehmen Sie sich bitte Zeit dafür.
Vielleicht ist gerade diese Kirche hier ein guter Gebetsort dafür. Und schauen Sie am Ende Ihrer Gebetszeit noch einmal bei der Madonna vorbei.

Sieben besondere Orte

3. *Santa Prassede:* Die Zeno-Kapelle

Adresse: Via di Santa Prassede 9, 00184 Rom
Öffnungszeiten: Täglich 07:00–12:30 Uhr und 16:00–18:30 Uhr

Unser nächstes Kleinod, das uns ins Nachdenken und Nachbeten bringen kann, führt uns auf unseren Wegen in die unmittelbare Nähe der Kirche Maria Maggiore.

Aufgepasst: Santa Prassede ist so in die umliegenden Häuser hineingebettet, dass man den Eingang beim Vorbeigehen nicht unbedingt als Kircheneingang wahrnimmt.

Die erste Kirche an dieser Stelle geht wahrscheinlich auf das 4. Jahrhundert zurück. Vielleicht gab es aber an diesem Ort auch schon vorher christliche Wurzeln, die auf die Namenspatronin, die heilige Praxedis, eine Märtyrerin, die an der Schwelle vom 1. zum 2. Jahrhundert gelebt haben soll, zurückgehen.

Gehen wir hinein und landen wir dadurch direkt im rechten Seitenschiff. Wir wenden uns nach links, gehen ein paar Schritte und nun sehen wir an der linken Seite einen kleinen Eingang zu einer Kapelle, der von reichhaltigen Mosaiken umgeben und verziert ist. Wir stehen hier vor einem herrlichen und gleichzeitig dem wichtigsten Beispiel byzantinischer Kunst in Rom: der Kapelle des heiligen Zeno.

Hinweis: *Außen am Kapelleneingang gibt es einen kleinen Automaten, der gegen Münzgeld das Licht in der Kapelle anknipst.*

Gehen Sie hinein und ergeben Sie sich ein wenig der Himmelseinsicht und dem Goldrausch, die vor Ihnen liegen.

Nicht zu Unrecht wurde diese Kapelle im Mittelalter wegen ihrer Ausschmückung auch »Paradiesgarten« genannt.

Blicken Sie nach oben. Sie sehen vor goldenem Hintergrund Christus, den Erlöser, und vier Engel, die ihn umringen. An den Wänden begegnen uns neben Petrus und Paulus noch andere Heilige, Tiere und Ranken.

An einer Wand über der Tür auf der linken Seite begegnen Ihnen das Lamm Gottes, die Quellen und die Hirsche, die uns in anderer Form auch schon in San Clemente begleitet haben, aber Sie sehen auch vier Frauengestalten. Die Frau mit dem viereckigen Heiligenschein ist Theodora, die Mutter von Papst Paschalis, der diese Kapelle 820 als Grabkapelle für sie bauen ließ. Sie hat zum Zeitpunkt des Baus noch gelebt, daher die Darstellung mit dem eckigen Heiligenschein.

Ganz nebenbei: In dem kleinen Nebenraum der Kapelle findet sich eine kleine Säule aus orientalischem Jaspis. Es handelt sich angeblich um die Säule, an der Christus während seiner Geißelung festgebunden war.

Zum Nachdenken und Nachbeten

Gold bedeutet in der Sprache von byzantinischen Ikonen und Mosaiken nicht nur, dass es sich hier um etwas sehr Wertvolles handelt. Der komplett goldene Hintergrund soll von Gottes Dasein und Wirken erzählen, davon, dass alles, was hier dargestellt wird und ist, sich auf dem allgegenwärtigen Hintergrund Gottes abspielt und sinnlich gegenwärtig ist. Die Gestalten und die Gegenstände an den Wänden sind vergänglich. Aber alles ist umgeben durch die goldene Unvergänglichkeit Gottes.
Blicken Sie sich in Ruhe in diesem Paradiesgarten, wo Gott allgegenwärtig und unvergänglich golden aufscheint, um.

Was ist Ihr Grund des Lebens?
Welche Farbe hätte er?
Für was steht Ihre Farbe?
Welche Rolle spielt Gott in Ihrem Hintergrund?

....

....

....

....

....

....

....

....

Sieben besondere Orte

4. *Santi Quattro Coronati:* Der Kreuzgang

Adresse: Via dei Santi Quattro 20, 00184 Rom
Öffnungszeiten: Montag bis Samstag 10.00–11.45 Uhr und 16.00–17.45 Uhr

Wieder einmal werden wir an einen Ort geführt, der schon seit dem 4. Jahrhundert eine Kirche trägt. Wenn man darauf zuläuft, hat man eher das Gefühl, sich einer Festung statt einer Kirche bzw. einem Kloster zu nähern.

Dieser Gebäudekomplex hat eine lange Bau- und Umgestaltungsgeschichte. Gehen Sie durch den ersten und den zweiten Innenhof. Der erste entspricht wahrscheinlich dem Portikus, d.h. dem mit einem Vordach und Säulen bestückten Eingangsbereich, der ursprünglichen Kirche; und der zweite Innenhof war deren vorderer Teil. Relikte von Letzterem sind die Säulen in der rechten Wand, die zu einem Seitenschiff gehörten.

Gehen Sie bitte in die Kirche hinein.

Die Kirche ist den »Vier Gekrönten« geweiht. Die Legende dieser Gekrönten und deren Geschichte ist, wie so oft bei Legenden, etwas kompliziert. Einerseits handelt sie von vier namenlosen Soldaten, die zur Ehrengarde des Kaisers Diokletian gehört haben sollen und die für ihren Glauben umgebracht wurden.

Gleichzeitig gab es vier Märtyrer Severus, Victorinus, Carpophorus und Severianus in Albano in den Albaner Bergen (ca. 25 Kilometer von Rom entfernt), deren Namen auf die besagten Soldaten einfach übertragen wurden. Egal, um wen es nun wirklich ging, die Legende besagt, dass es vier Menschen gab, denen zu Diokletians Zeiten als Todesstrafe jeweils ein zackiger Eisenkranz in den Schädel getrieben wurde. Daher auch der Name dieser Kirche.

Doch unser hauptsächliches Interesse heute gilt nicht der Kirche, sondern dem Kreuzgang. Ein Eingang in der linken Wand im Kircheninneren führt dorthin. Falls er verschlossen ist, müssen Sie die Klingel, neben der das Wort »Chiostro« steht, betätigen. Dann wird Ihnen eine Schwester des Augustinerordens, der hier ansässig ist, die Tür zum Kreuzgang öffnen.

Hinweis: *Bitte vergessen Sie beim Verlassen nicht, eine kleine Spende für die Schwestern zurückzulassen.*

Nun finden Sie sich in einem zauberhaften Kreuzgang, der zum Verweilen einlädt.

Ganz nebenbei: Im zweiten Innenhof gibt es den Eingang zur Kapelle des heiligen Silvester. Die darin enthaltenen wunderschönen Fresken im byzantinischen Stil aus dem 13. Jahrhundert erzählen szenisch die Geschichte von Papst Silvester und Kaiser Konstantin aus der Legenda Aurea, einer mittelalterlichen Sammlung von Heiligenlegenden.

Zum Nachdenken und Nachbeten

Wenn Sie Glück haben, sind Sie ganz alleine in diesem Kreuzgang; dann kann dies einer der ruhigsten Orte in ganz Rom sein. Dieser Ort lädt einfach nur zum Dasein und Schweigen ein. Bleiben Sie dort und lassen Sie Ihre Gedanken und Gefühle schweifen.

Was denken und fühlen Sie hier?

5. *San Francesco a Ripa:* Die selige Ludovica

Adresse: Piazza di S. Francesco d'Assisi 88, 00153 Rom
Öffnungszeiten: Täglich 7.00–13.00 Uhr und 15.00–19.30 Uhr

Heute führt uns unser Weg jenseits des Tibers, d.h. nach Trastevere in die Kirche San Francesco a Ripa.

Diese Kirche ist nicht nur einfach dem heiligen Franziskus geweiht. Vielmehr soll er während seiner Zeit in Rom um 1219 selbst an diesem Ort in einem Hospiz gewohnt haben. »Ripa« wiederum ist ein altitalienisches Wort für »Ufer« und bezeichnet die Gegend nahe dem Tiberufer, das nur 200 Meter östlich von hier liegt.

Aber weder wegen Franziskus noch wegen des Tibers sind wir heute hier, sondern wegen der seligen Ludovica (* 1474; † 1533). Falls Ihnen der Namen nichts sagt – mir ging es genauso, bis ich zum ersten Mal hier war.

Ludovica entstammte einer römischen Patrizierfamilie und schloss sich als Witwe dem sogenannten franziskanischen Drittorden an. Sie wurde bekannt für ihre große karitative Tätigkeit und ihre mystische Frömmigkeit. 1671 wurde sie seliggesprochen, drei Jahre später wurden ihre Reliquien in diese Kirche übertragen. Und an diesem Punkt betritt Bernini wieder einmal die Bühne.

Mit immerhin Mitte siebzig schuf er in einer Seitenkapelle dieser Kirche sein letztes großes Kunstensemble. Erzählenswert ist dabei auch die Geschichte, wie es dazu kam. Hauptakteur darin ist zunächst der Bruder Berninis, Luigi. Dieser wurde 1670 in flagranti mit einem Knaben oder einem Schaf – darüber sind sich die Quellen uneinig – erwischt. Dank seines einflussreichen Bruders wurde er dafür nicht zum Tode, sondern strafmildernd zum Exil verurteilt.

Drei Jahre später trat dann Kardinal Paluzzo degli Albertoni auf den Plan, der seiner Vorfahrin Ludovica eine würdige Bleibe verschaffen wollte. So schlug er ein Geschäft vor: Wenn sich Bernini dazu bereiterklärte, sich um die Ausgestaltung der Kirche zu kümmern, würde er, der Kardinal, seine Kontakte spielen lassen und erwirken, dass Luigi nach Rom zurückkehren dürfe. So kam es dann auch: Luigi kehrte zurück und sein Bruder schuf dieses Meisterwerk.

Aber schauen wir uns das Ganze mit eigenen Augen an. Die Kapelle befindet sich ganz vorne links in der Kirche.

Dort liegt sie, die selige Ludovica. Sie kennen vielleicht die Skulptur der heiligen Theresa in Santa Maria della Vittoria, die Bernini rund 20 Jahre zuvor schuf. Es besteht kein Zweifel, wenn man die Inszenierung und die Darstellung der beiden vergleicht: Es sind – in künstlerischer Hinsicht – Schwestern im Geiste.

Aber der dargestellte Augenblick ist ein völlig anderer, und das ist hier entscheidend. Theresa wurde in mystischer Verzückung dargestellt. Ludovica scheint auch verzückt, aber hier ist es der Augenblick ihres Todes, den Bernini eingefangen hat.

Wer weiß, vielleicht hat er uns hier einen Einblick in seine eigene Religiosität, vielleicht auch gerade in sein Verständnis seiner eigenen Endlichkeit, hinterlassen. Es war nicht das erste Mal, dass er sich künstlerisch mit dem Tod auseinandergesetzt hat. Aber bei den Gräbern von Urban VIII. und Alexander VII. im Petersdom gibt es z.B. immer einen theatralischen Knochenmann, der den nahen Tod und den Raub des Lebens darstellt. Hier kommt der Tod nicht als Fremder, der zu jemandem hinzutritt, sondern er ist einfach Realität und Vollendung.

Zum Nachdenken und Nachbeten

Niemand setzt sich gerne mit dem eigenen Tod auseinander, und doch gehört er unwiderruflich zum eigenen Leben. Schauen Sie sich bitte ausgiebig die Darstellung der sterbenden Ludovica an und versuchen Sie dann, in einer Zeit der Stille den Fragen nachzugehen, was diese Figur vom Sterben erzählt und was Sie bewegt, wenn Sie an Ihre eigene Sterblichkeit denken.

Sieben besondere Orte

6. *Abbazia delle Tre Fontane:* Die Klosteranlage

Adresse: Via di Acque Salvie 1, 00142 Rom
Öffnungszeiten:
Montag bis Samstag 8:30–12:30 Uhr und 15:00–18:00 Uhr
Sonntag 8:30–9:30 Uhr, 11:00–12:30 Uhr und 15:30–18:00 Uhr

Heute verlassen wir den Innenstadtbereich und suchen ein wenig Ruhe abseits vom chaotischen Stadtgetümmel. Tre Fontane liegt am angrenzenden EUR-Viertel, das Mussolini für die 1942 geplante Weltausstellung (Esposizione Universale di Roma) bauen ließ, die dann aber wegen des Zweiten Weltkriegs nie stattgefunden hat.

Ob Sie mit der Metro oder mit dem Bus fahren – Sie müssen, um nach Tre Fontane zu gelangen, erst durch dieses umtriebige Viertel. Doch sobald Sie von der Autostraße in Richtung Tre Fontane eingebogen sind und sich auf die schattige

Allee begeben haben, befinden Sie sich, wenn Sie den Torbogen zum Klosterkomplex durchschritten haben, in einer Oase der Stille.

Unsere Füße betreten darin geschichtlichen Boden, denn hier soll im Jahr 67 der Apostel Paulus geköpft worden sein. Da Paulus römischer Bürger war, blieb ihm das Kreuz erspart, denn er hatte dadurch das Recht auf einen schnellen Tod. Sein Kopf soll, so erzählt es die Legende, nach besagter Hinrichtung dreimal auf den Boden aufgeschlagen sein, und genau dort sollen dann drei Quellen (Tre Fontane), eine kalte, eine warme und eine heiße, entsprungen sein.

Im Laufe der Jahrhunderte sind hier drei Kirchen entstanden: San Paolo (aus dem 5. oder 6. Jahrhundert), Santi Vincenzo e Anastasio (aus dem 7. Jahrhundert) und Santa Maria Scala Coeli (aus dem 12. Jahrhundert).

San Paolo, die eigentliche Gedenkstätte, beinhaltet die drei Quellen, Santi Vincenzo e Anastasio ist eine schöne klassische Zisterzienseranlage und Santa Maria Scala Coeli eine Kirche mit einer Krypta, in deren Raum Paulus angeblich festgehalten wurde.

Seit 1868 kümmern sich französische Trappistenmönche um diese grüne Oase, die sie durch Entwässerung des sumpfigen Geländes und Bepflanzungen geschaffen haben.

Hier sind wir an einem Ort, der seine Besucher mit offenen Armen zum Umhergehen, Verweilen, Beten, Nachdenken und Pausieren empfängt.

Zum Nachdenken und Nachbeten

An diesem Ort ist es sicherlich passend, den Worten von Paulus selbst zuzuhören. Nicht irgendwelchen Worten, sondern den Worten, die er an die römische Gemeinde gerichtet hatte und die von Bedrängnis, Tod und Liebe erzählen.
Nehmen Sie sich bitte ein wenig Zeit für diese Worte und achten Sie darauf, was sie mit Ihnen zu tun haben und in Ihnen auslösen.

Schwestern und Brüder,
Was kann uns scheiden von der Liebe Christi?
Bedrängnis oder Not oder Verfolgung, Hunger oder Kälte,
Gefahr oder Schwert?
Denn ich bin gewiss:
Weder Tod noch Leben,
weder Engel noch Mächte,
weder Gegenwärtiges noch Zukünftiges noch Gewalten,
weder Höhe oder Tiefe noch irgendeine andere Kreatur
können uns scheiden von der Liebe Gottes,
die in Christus Jesus ist, unserem Herrn.
(Röm 8,35.38–39)

Sieben besondere Orte

7. *Monte Mario:* Der Französische Militärfriedhof

Adresse: Via Casali di Santo Spirito 70, 00135 Rom
Öffnungszeiten: Montag bis Freitag: 08:00–16:00 Uhr

Unser heutiges Ziel führt uns in eine Gegend, in die sich Touristen eher selten verlaufen, nämlich nördlich von Mussolinis Olympiaanlage auf einen Ausläufer des Monte Mario. Aber der Anfahrts-/Anlaufweg lohnt sich.

Begeben Sie sich zur Milvischen Brücke. Falls sie gut zu Fuß sind, können Sie den gut halbstündigen Spaziergang zu unsrem Ziel genießen. Falls Sie lieber fahren möchten, bringt Sie die Linie 911 in einer guten Viertelstunde zur Haltestelle Camilluccia/Colli Farnesina (direkt gegenüber der Haltestelle ist eine Tankstelle).

Nun geht es zu Fuß weiter. Überqueren Sie die Straße. Rechter Hand neben der Tankstelle zweigen drei Straßen ab. Folgen Sie der Via Casali di Spirito Santo (eine Sackgasse), bis Sie vor dem Eingang stehen, an dem in großen Lettern »CIMITAIRE MILITAIRE FRANÇAIS/CAMPAGNE D'ITALIE 1943–1944« steht.

Sie können es sich wahrscheinlich schon denken: Dies ist kein normaler Friedhof, auf dem Römer und Römerinnen begraben werden. Hier ruhen über 1500 französische, algerische und marokkanische Soldaten des Zweiten Weltkrieges. Ein Ort, der von Kampf, aber auch von Frieden erzählt. Mit vielen Namen, aber auch namenlosen Erinnerungen. Kein Ort mit tausend Eindrücken und Ablenkungen, sondern voll Klarheit und Ruhe, mit wunderschönen Aussichten und Einsichten.

Gehen Sie umher. Lassen Sie die Gleichheit und die Unterschiedlichkeit der Gräber auf sich wirken und schauen Sie, was dieser Ort Ihnen heute an Aussicht und Einsicht schenkt.

Ganz nebenbei: Wenn Sie den Friedhof wieder durch den Haupteingang verlassen, gibt es rechter Hand einen Park, in dem sich im Eingangsbereich ein Schild befindet, das besagt, dass hier ein Weg in 30 Minuten zur Via dei Colli della Farnesina führt.

Falls Sie Zeit und Lust haben, dann lohnt sich diese Wanderung. Vielleicht gerade, um die Stille und Ordnung dieses Friedhofs nochmals nachwirken zu lassen und langsam wieder in den Lärm und in das Chaos der Stadt hinunterzusteigen. Der Weg führt Sie, wie angezeigt, hinunter zur Via dei Colli della Farnesina, und diese wiederum führt Sie am nördlichen Rand von Mussolinis altem Olympiagelände zurück an den Tiber.

Zum Nachdenken und Nachbeten

abwartende vollendung

das kreuz
hineingepflanzt in dein grab
wie ein olivenzweig
der zeigt
dass deine todessintflut
die alles verschlungen hat
zu ende gehen wird
und alles was war
noch besser wiederherstellt

dieser ort
stiller zeuge des unfassbaren
geduldig und beharrlich
wartet nur darauf
dass die frauen
eines morgens kommen
und wunderbare leere
und volles leben
vorfinden werden

der HERR vollende an dir
was ER in deiner taufe
gutes begonnen hat

(Aus: Wolfgang Metz,
brannte uns nicht das herz in der brust?,
Würzburg 2017, S. 41.)

Leben und Tod gehören zu jedem Leben.
In gewisser Weise auch Krieg und Frieden.
Hier, an diesem Ort, spiegelt sich das alles wider. Aber es geht nicht nur um die Vergangenheit, sondern auch, vielleicht sogar vor allem, um die Zukunft.
Was wird kommen und was erwarten wir, wenn alles vorbei ist?
Was erwarten Sie vom Leben bzw. vom Tod und von dem Danach?

Sieben Kirchen abseits der Pilgerströme, die zum Gebet einladen

Rom hat über 400 Kirchen. Die wenigsten Rombesucher werden jemals alle besucht haben. Das muss man wahrscheinlich auch nicht. Dem gegenüber steht, dass es natürlich einige römische Kirchen gibt, die man wegen ihrer Geschichte oder ihrer Ausschmückung gesehen haben sollte.

Bei dieser Fülle an Kirchenräumen ist es aber nicht verwunderlich, dass es auch Kirchen gibt, die nicht unbedingt beim ersten Rombesuch angesteuert werden, die aber trotzdem einen eigenen Blick wert sind. Sieben davon werden im folgenden Kapitel vorgestellt.

Bis jetzt haben uns unsere Wege immer an ganz bestimmte Orte oder zu ganz bestimmten Kunstwerken geführt. In diesem Kapitel soll es ein wenig anders ein. Es führt uns zu sieben Kirchenräumen. Natürlich wird unser Blick in der einen oder anderen Kirche auf bestimmte Dinge gelenkt, aber es soll gleichzeitig immer um den ganzen Raum und das ganze Gebäude gehen.

Es gibt zwar zu jeder Kirche auch wieder Hinweise *»Zum Nachdenken und Nachbeten«*, und falls diese Ihnen helfen, den Kirchenraum für sich zu erschließen und zu bebeten: sehr gut. Falls Sie sie aber nicht brauchen: noch besser, denn ganz im ignatianischen Sinne ist erst einmal wichtig, was Sie in diesen Räumen anspricht und eine Resonanz in Ihnen findet. Die Gebetshinweise können dabei ein Hilfsmittel sein.

Lassen Sie sich einfach auf diese Räume ein und schauen Sie, was Sie davon anspricht und wo Ihnen dort Gott vielleicht auf der Spur ist und bei Ihnen anklopft.

von gott aus gesehen

ist unser suchen nach gott
vielleicht die weise wie er uns auf der spur bleibt
und unser hunger nach ihm das mittel
mit dem er unser leben nährt

ist unser irrendes pilgern
das zelt in dem gott zu gast ist
und unser warten auf ihn
sein geduldiges anklopfen

ist unsere sehnsucht nach gott
die flamme seiner gegenwart
und unser zweifel der raum
in dem gott an uns glaubt

(Aus: Andreas Knapp,
Höher als der Himmel – Göttliche Gedichte,
Würzburg 2010, S. 19.)

Vielleicht finden Sie im Folgenden ja den einen oder anderen Kirchenraum, der etwas davon erzählt, wie Sie an Gott glauben und er an Sie.

Wie nach jedem beschriebenen Kirchenraum haben Sie auch hier wieder die Möglichkeit, Ihre Gedanken, Bitten und Eindrücke ins Wort zu bringen und aufzuschreiben.

Abseits der Pilgerströme

1. San Saba

Adresse: Piazza Gian Lorenzo Bernini 20, 00153 Rom
Öffnungszeiten:
Täglich 8.00–12.00 Uhr
und 16.00–19.00 Uhr

Die erste Kirche, deren Ort, Gebäude und Raum uns zum Gebet und Verweilen einladen soll, ist San Saba.

San Saba liegt auf dem sogenannten kleinen Aventin, einem kleinen Hügel, der sich hinter dem Aventin erhebt. Die Kirche selbst geht ins 7. Jahrhundert zurück, aber sie ist auf römischen Mauern erbaut, die wahrscheinlich vorher eine Kaserne beherbergten. Angeblich hat es vor der Kirche hier auch schon ein Haus gegeben, in dem die Mutter von Papst Gregor dem Großen, die heilige Silvia, wohnte.

Um das Jahr 650 kamen griechische Mönche aus Jerusalem nach Rom. Sie bekamen diesen Ort zugewiesen, und hier bauten sie dann diese Kirche. Dadurch ist es auch nicht verwunderlich, dass dieser Ort bis zum großen Schisma zwischen der Ost- und Westkirche im 11. Jahrhundert der Anlaufpunkt für die östliche Christenheit in Rom war.

Wenn wir die Treppen hochsteigen und durch das Eingangstor gehen, empfängt uns ein wunderbarer Vorgarten, der es alleine schon wert ist, darin einen Augenblick zu verweilen. Wie so oft bei alten römischen Kirchen gibt es auch vor dieser Kirche vieles aus der Antike, was hier ausgegraben wurde.

Gehen wir in den Kirchenraum hinein.

Die Säulen sind alle unterschiedlich. Ein Hinweis darauf, dass diese, wie so oft, wahrscheinlich aus einem anderen Gebäude stammend, zweckentfremdet wurden. Der offene Dachstuhl und der Kosmatenboden stammen noch aus der Entstehungszeit.

Diese Böden begegnen uns in Roms Kirchen auf Schritt und Tritt. Die Kosmaten waren eine Künstler- und Handwerkerfamilie, die vor allem zwischen dem 12. und 14. Jahrhundert und vor allem in Rom gewirkt hat. Heute würde man sagen, sie waren Recycler. Sie bedienten sich nämlich antiker Säulen und sonstiger Marmorstücke, schnitten diese wurstartig oder in sonstigen, geometrischen Formen auseinander und formten daraus diese prächtigen Böden.

Bemerkenswert in dieser Kirche ist auch die Verkündigungsszene vorne, zentral im Hauptschiff unter dem Dach.

Im linken, angebauten Seitenschiff kann man Fresken aus dem 13. Jahrhundert betrachten.

Ganz wunderbar: Die Madonna mit Kind und der heilige Nikolaus, wie er heimlich dem armen Vater mit den drei Töchtern Geld für ihre Heirat gibt.

Aber schauen Sie sich selbst um, setzen Sie sich in Ruhe hin, seien Sie neugierig, was diese Kirche Ihnen sagt und was auf Sie wirkt.

Zum Nachdenken und Nachbeten

Man könnte sagen, dass einige der Fresken in dieser Kirche dezidiert etwas von der Menschwerdung (Verkündigung), dem Menschsein (Madonna mit Kind) und vom menschlichen Handeln (Nikolaus) erzählen.

Wie sehr spielen diese drei Aspekte in Ihrem Leben eine Rolle?
Die Menschwerdung Jesu?
Sein und Ihr Menschsein?
Sein und Ihr menschliches Handeln?
Was haben diese in Ihrem Leben miteinander zu tun?

Abseits der Pilgerströme

2. San Carlo alle Quattro Fontane

Adresse: Via del Quirinale 23, 00187 Rom
Öffnungszeiten:
Montag bis Freitag 10:00–13:00 Uhr und 15:00–18:00 Uhr
Samstag/Sonntag 10:00–13:00 Uhr

Wir finden uns heute an der Kreuzung der Via Quirinale und der Via delle Quattro Fontane ein. Der Name der zweiten Straße und der Kirche leitet sich von den vier Brunnen ab, die diese Kreuzung schmücken. Die Kirche hat auch den Namen San Carlo alle Quirinale, was sich auf die erste Straße bezieht.

Ganz nebenbei: Diese Straßenkreuzung ist die einzige, auf der man drei Obelisken gleichzeitig sehen kann, nämlich denjenigen vor dem Quirinalspalast, den hinter Santa Maria Maggiore und den über der Spanischen Treppe.

Es gibt für die Kirche sogar noch einen dritten Namen: San Carolino, d.h. »Zum heiligen Karlchen«. Dieser Name bezieht sich nicht auf die Größe bzw. die Kleinheit des Heiligen, sondern auf die Kleinheit der Kirche selbst, wie wir gleich sehen werden.

Diese Kirche ist das Werk von Francesco Borromini (* 27. September 1599 in Bissone, Schweiz; † 3. August 1667 in Rom), der uns auch u.a. auch im Lateran begegnet. Er arbeitete in seiner römischen Zeit anfangs bei seinem Mentor, Lehrer und Landsmann Carlo Maderno in der Bauhütte des Petersdoms. Nach dessen Tod wurde Bernini dort Baumeister. Borromini arbeitete dort noch einige Jahre als sein Assistent, doch dann kam es zum Bruch, und die beiden wurden erbitterte Rivalen. Diese Kirche war sein erster Auftrag nach dem schweren Zerwürfnis der beiden Künstler. Konkurrenz belebt ja bekanntlich das Geschäft. Vielleicht hat genau diese Konkurrenz die Produktivität und Qualität der Arbeit der beiden gefördert.

Hier lohnt es sich, zunächst auf die andere Straßenseite zu gehen und erst einmal die schwungvolle Fassade der Kirche auf sich wirken zu lassen. Der Glockenturm, die für römische Verhältnisse doch recht kleine Kuppel und vor allem ihre wunderbar-kapriziöse Ausgestaltung lassen schon erahnen, auf welch kleinem Raum sich hier alles abspielt.

Nun betreten wir San Carolino. Für römische Verhältnisse ist diese elliptische Kirche winzig. Vergleichen Sie damit später einmal die kuppeltragenden Säulen im Petersdom: Diese ganze Kirche würde komplett in eine solche Säule des Petersdoms hineinpassen! Und doch scheint dieser Raum nicht einengend.

Beeindruckend ist vor allem die Kuppel, deren Höhe bzw. Tiefe durch ihre wechselhaften und sich windenden Formen fast nicht zu ermessen ist. Die immer kleiner werdenden Kassetten an der Decke sind eine optische Täuschung und gaukeln unserem Auge eine Höhe vor, die es hier gar nicht gibt. Diese Kuppel vor allem prägt die Atmosphäre der Kirche. Hier ist kein geöffneter Himmel, wie wir ihn in einigen barocken Kirchen an der Decke gemalt finden, und trotzdem lässt die Deckenkonstruktion den Blick und die Gedanken nach oben, d.h. gen Himmel, streben. Lassen Sie dies alles in Wahrnehmung und Gebet auf sich wirken und aufsteigen.

Ganz nebenbei: Rechts vorne kommt man durch einen Durchgang in einen kleinen, zauberhaften Kreuzgang.

+ SANCTISS·TRINITATI·BEATOQ·CAROLO·BORROMEO·D·A·N·S·MDCXL

Zum Nachdenken und Nachbeten

Hier strebt alles nach oben. Vielleicht ein guter Ort, dem eigenen Beten und der eigenen Gottesbeziehung nachzugehen.
Wir benutzen viele Formulierungen, wonach Gott oben im Himmel ist und unsere Gebete zu ihm nach oben steigen sollen.
Aber es gibt auch die andere Seite: Gott ist in Christus Mensch geworden, um uns auf Augenhöhe zu begegnen.
Aber spielt das in Ihrem Gebetsleben eine Rolle?
Wie begegnen Sie Gott und wie begegnet er Ihnen?
Beten Sie immer nach oben oder haben Sie es auch schon erlebt, dass er Ihnen gegenüber ist?
Oder gab und gibt es vielleicht beides in Ihrem Gebetsleben?

Abseits der Pilgerströme

3. Santa Maria della Pace

Adresse: Arco della Pace 5, 00186 Rom
Öffnungszeiten: Täglich 09.30–18.30 Uhr

Unsere nächste Kirche liegt im Herzen der Altstadt, einen Steinwurf von der Piazza Navona entfernt: Santa Maria della Pace.

Ihr Name »Heilige Maria des Friedens« weißt auf das Ende von periodischen Kämpfen um die Vormachtstellung in Italien im 15. Jahrhundert hin. Der Platz und die Fassade sind von Pietro da Cortona (* 1. November 1596 in Cortona; † 16. Mai 1669 in Rom) gestaltet.

Um diese Architektur wirklich wertschätzen zu können, sollte man das vordere Äußere der Kirche von mehreren Blickwinkeln aus betrachten. Darüber hinaus ist die Gesamtanlage ein eindrucksvolles Beispiel für die peinlich genaue Stadtplanung von Papst Alexander VII., der die Kirchenfassade und den Platz in Auftrag gab. Er hatte ein großes Holzmodell der Stadt Rom mit beweglichen Teilen in seinem Schlafzimmer stehen. Die Einzelteile verschob er immer wieder, um eine Vorstellung davon zu bekommen, wie man welche Straßenzüge und Gebäude ändern und verbessern könnte.

Aber genug zum Äußeren, auch das Innere der Kirche kann sich sehen lassen. Deren Grundstruktur ist die Verbindung eines Langhauses mit einem oktogonen Zentralbau, den eine wunderbare Kuppel überragt.

Die erste Kapelle auf der rechten Seite zeigt über dem Altar vier Sibyllen, antike Prophetinnen, die von keinem Geringeren als Raffael (* 6. April oder 28. März 1483 in Urbino; † 6. April 1520 in Rom) stammen. Dieser soll sich in der Zeit, als Michelangelo die Sixtinische Kapelle ausmalte, dort hineingeschlichen haben und erschüttert zurückgekommen sein. An diesen herrlichen Fresken hier sieht man, wie viel Raffael von seinem Kollegen an Dynamik, Darstellung, Farbgebung und Zusammenspiel übernommen hat. Die vier Propheten über den Sibyllen sind von ihm entworfen, aber von seinen Schülern ausgeführt worden.

Beeindruckend auch das Bild »Die Jungfrau Maria mit Heiligen« (die erste Seitenkapelle links) von Baldassarre Peruzzi, einem Freund Raffaels.

Der Hauptaltar im Zentralbau ist von Carlo Maderno, der uns jetzt doch auch schon an der einen oder anderen Stelle begegnet ist. Noch viel mehr gibt es hier zu entdecken. Dies dürfen Sie im Umhergehen und im Gebet nun aber selbst tun.

Ganz nebenbei: Nebenan ist der Kreuzgang von Donato Bramante. Im ersten Stock findet sich dort ein nettes Café, in dem Sie direkt im Kreuzgang oder in einem Nebenraum auf Sofas mit lässiger Jazz- und Swingmusik einen Cappuccino genießen können.

Zum Nachdenken und Nachbeten

Santa Maria della Pace – diese Kirche ist Ausdruck der Sehnsucht nach Frieden.
Vielleicht ist deshalb gerade hier ein guter Ort, für Frieden zu beten.
Den Frieden, den wir selbst nicht hinbekommen oder gar nicht machen können.
Wo gibt es Streit und Ärger in Ihrem Leben?
Mit welchen Menschen tun Sie sich manchmal schwer, und wie und wo bräuchten Sie mehr Frieden im Umgang mit ihnen?
Welche Menschen in Ihrem näheren Umfeld brauchen mehr Frieden in ihrem Leben?
Wo in der Welt ist Frieden gerade jetzt oder wieder einmal bitter nötig?

Abseits der Pilgerströme

4. Santo Stefano Rotondo

Adresse: Via Santo Stefano Rotondo 7, 00184 Rom
Öffnungszeiten: Täglich 10:00–13:00 Uhr und 14:30–17:30 Uhr (im Winter) bzw. 15:30–18:30 Uhr (im Sommer)

Unser nächster Weg führt uns in einen Kirchenraum auf dem Celio-Hügel und ist nichts für schwache Nerven. Der Name »Rotondo« bezieht sich auf die Form, und schon diese alleine ist den Weg dorthin wert. Es handelt sich nämlich um die älteste Rundkirche Roms (aus der zweiten Hälfte des 5. Jahrhunderts).

Ursprünglich stand hier eine Kaserne und, wie auch in San Clemente, ein Mithraeum (siehe S. 78), das man dort bei Ausgrabungen gefunden hat. Die Kirche bestand in ihrer Architektur bis 1140 als Zentralbau aus ursprünglich drei konzentrischen Kreisen.

Durch die Straßen und Mauern, die dorthin führen, und den hübschen Vorplatz wirkt es so, als sei man schon völlig abseits der Stadt, und doch sind wir gar nicht so weit weg vom alltäglichen Trubel und Wahnsinn Roms.

Schauen wir uns das Ganze nun aber im Inneren an. Das Besondere hier sind vor allem die Fresken, die die äußere Rundung des Kirchenraums umlaufen.

Wir schreiben das Jahr 1580. Der Papst hat den Jesuiten des Collegium Germanicum et Ungaricum diese Kirche übergeben, welche sie bis heute unterhalten. Es ist die Zeit der Gegenreformation, d.h. eine Zeit, in der mitten in Europa ein Glaubenskampf tobt. In diesem Collegium sollte der Klerus für die (Neu)Missionierung Nord- und Mitteleuropas ausgebildet werden.

Die Fresken mit ihren 34 Szenen sollen die Torturen der ersten Märtyrer darstellen. Und wahrlich, hier wird gekocht, zerhackt, gefoltert und getötet »auf Teufel komm raus«. Wie passend, dass die Kirche dem heiligen Stephanus, dem ersten Märtyrer, geweiht wurde.

Die Auftraggeber wollten damals ihren angehenden Missionaren klar vor Augen führen, welche Gefahren auf sie zukommen könnten, wenn sie sich in die Nachfolge Christi begeben. Viele Historiker bezweifeln heute aber, dass es in der Antike zu solch extremen und vielfältigen Grausamkeiten in der Christenverfolgung kam.

Jenseits der Grausamkeit ist diese Kirche durch ihre Form, ihre Säulenkreise und ihre Offenheit ein ganz besonderer Raum, den es sich neben allen Fragen, die durch die Fresken aufgeworfen werden, zu begehen, zu bestaunen und zu bebeten lohnt.

Ich bitte Sie nun, sich genau dafür ein wenig Zeit zu nehmen.

Zum Nachdenken und Nachbeten

Obwohl es hier im Vergleich zu vielen anderen Kirchen Roms nicht so viel Schönes zu sehen gibt, erzählt dieser Kirchenraum doch einiges von unserer Kirchen- und Glaubensgeschichte und kann genau dadurch zu einigen Fragen anregen:
Wie stehen Sie selbst zu Ihrem Glauben?
Was würden Sie dafür eingehen und was vielleicht auch nicht?
Fällt es Ihnen leicht, über Kirche und Glauben zu sprechen?
Wie gehen Sie damit um, wenn in Ihrem Umfeld kritisch über Kirche und Glaube gesprochen wird?

Abseits der Pilgerströme

5. San Giovanni a Porta Latina

Adresse: Via di Porta Latina 17, 00179 Rom
Öffnungszeiten: Täglich 07:30–12:30 Uhr
und 15:00 Uhr–18:00 Uhr

Unser Weg führt uns nun auf eine kleine Parallelstraße zur Via di Porta San Sebastiano. Schon der Weg hier heraus hat etwas Beruhigendes und Meditatives.

Gehen Sie die Via di Porta Latina einfach stadtauswärts. Kurz vor der Porta Latina, die nach jenseits der Aurelianischen Mauer führen würde, begegnet uns linker Hand in einer kleinen Querstraße diese zauberhafte Kirche: San Giovanni a Porta Latina.

Der schöne Vorplatz mit dem Brunnen stammt aus dem 9. Jahrhundert. Der erste Kirchenbau war aus dem 5. Jahrhundert und zwischen dem 11. und 13. Jahrhundert wurde der heutige Bau mit Campanile (Turm) errichtet.

Nun schauen wir uns das Ganze innen an.

Die Wandmalereien stammen aus dem 12. Jahrhundert. Sie zeigen Szenen von der Erschaffung der Welt bis zur Apokalypse.

Die abgeschiedene Lage, der Vorhof und der wunderbare, wenn auch (bedingt durch die Fenster) manchmal zwielichtige Kirchenraum, wirken für sich.

Doch sehen Sie selbst.

Zum Nachdenken und Nachbeten

San Giovanni a Porta Latina zeigt, dass es nicht immer eine einzelne Besonderheit oder dieses oder jenes einzigartige Kunstwerk braucht, um angesprochen und inspiriert zu werden, sondern dass es in erster Linie nur darum geht, einen guten Ort zu finden, der dazu einlädt, dass ich bei mir, bei meinen Gedanken und in Beziehung zu Gott sein kann.
Dieser Ort hier hat all dies.
Seien Sie gespannt, was er mit Ihnen anstellt.

Abseits der Pilgerströme

6. Dio Padre Misericordioso

Adresse: Piazza Largo Terzo Millennio 8, 00155 Rom
Öffnungszeiten: Täglich 07:30– 12:30 Uhr und 16:00–19:30 Uhr
Material: evtl. Farbstifte

Oft hatten wir schon an der einen oder anderen Stelle das Gefühl, weit aus der Stadt herausgekommen zu sein. Nun ist es kein Gefühl mehr, sondern wirklich so.

Um die jüngste Kirche auf unserer kleinen Reise zu besuchen, braucht es einen gewissen Anfahrtsweg. Sollten Sie Lust haben, in Rom einmal Straßenbahn zu fahren, dann steigen Sie am Bahnhof Termini in die Tram 14 bis Togliatti und von der naheliegenden Busstation dort (Via Molfetta) mit dem Bus 556 (Richtung Torre Maura) bis Tovaglieri/Olcese, und schon sind Sie da (der Bus hält direkt vor der Kirche).

Oder Sie machen sich mit der Metro auf den Weg, fahren ab dem Lateran mit der Linie C bis Mirti und steigen dort in der Via dei Castani in den Bus 556.

Am Ziel angekommen, fällt es gleich auf, dass dies ein für Rom doch sehr ungewöhnlicher Kirchenbau ist. Schon beim ersten Blick kann die Stimmung zwischen Befremden und Begeisterung schwanken. Für die einen ist es die beste Kirche aller Zeiten, für die anderen eine Schande für ganz Rom. Sehen Sie selbst.

Die Kirche Dio Padre Misericordioso (Gott, der barmherzige Vater) wurde für das Heilige Jahr 2000 in Angriff genommen. Nach langer Planung und einer schwierigen Entscheidungsfindung entschied man sich für den Entwurf des amerikanischen Architekten Richard Meier.

Die Architektur dieser Kirche ist angelehnt an ein altes Kirchenbild, nämlich das der Kirche als Schiff – und in diesem Fall als Schiff, mit dem und auf dem die Gläubigen unterwegs in das neue Jahrtausend sein können. Schon das Äußere zeigt dies beeindruckend mit drei stilisierten Segeln. Diese Segel bilden im Inneren das Hauptschiff der Kirche, das Baptisterium (Taufkapelle) und die Seitenkapelle. Zugleich steht die Zahl Drei natürlich auch immer für die Dreifaltigkeit, und in diesem Fall auch für das dritte Jahrtausend.

Ein spannendes Konzept.

Auch die Baustile der Vergangenheit transportierten ja bestimmte Kirchen- und Glaubensbilder, z.B. Kirchen als feste Burgen des Glaubens (Romanik) oder als Zeichen dafür, dass alles gen Himmel strebt (Gotik) oder auch als Verweis auf den prallen und offenen Himmel im Gegensatz zur Nüchternheit der reformatorischen Bilderstürmer (Barock).

Welche Kirchen- und Glaubensbilder suggerieren die Kirchen der vergangenen Jahrzehnte?

Bei »Dio Padre Misericordioso« wurde der Versuch unternommen, ein Kirchenbild für unsere Zeit in der Sprache der Architektur neu zu entwerfen. Zwischen Wohnblöcken der 1970er Jahre konnte dieses Schiff dann 2003 endlich seine Fahrt aufnehmen.

Und Sie werden sehen: Nicht nur das Äußere kann sich sehen lassen. Auch das Innere mit seiner Beton-Glas-Konstruktion in strahlendem Weiß ist ein völlig anderer Kirchen- und Betraum als die, die wir bis jetzt auf unseren Wegen kennengelernt haben.

Verblüffend zum Beispiel, wie stark ein altes braunes Holzkreuz ins Auge fallen kann, wenn alles Drumherum hell und weiß und aus Glas ist. So bleibt der Blick auf das Kreuz gleichermaßen Bezugspunkt, Erinnerung und Herausforderung.

Vieles mehr gibt es hier noch zu entdecken und zu erfahren. Entdecken und erfahren Sie es jetzt selbst.

Ganz nebenbei: Nach dem Besuch der Kirche lädt das Café Blue Ice (Via Francesco Tovaglieri 25) auf einen leckeren Espresso, wahnsinnigen Süßkram, cremiges Eis oder auf eine herzhafte Pizza ein.

Sehr zu empfehlen.

Zum Nachdenken und Nachbeten

Hinter der Architektur dieser Kirche steht ein konkretes Kirchenbild. Die Kirche als Schiff. Es gab in der Vergangenheit, wie schon beschrieben, auch schon andere Kirchenbilder.
Die Frage ist nun: Was ist Ihr Bild von Kirche?
Welches Bild drückt Ihre Vorstellung von der Gemeinschaft der Kirche am besten aus?
Nehmen Sie sich Zeit für ein Gebet, achten Sie darauf, was für ein Bild in Ihnen aufsteigt, und malen oder beschreiben Sie es dann.

Abseits der Pilgerströme

7. Sant'Ivo alla Sapienza

Adresse: Corso del Rinascimento 40, 00186 Rom
Öffnungszeiten: Sonntag 09:00–12:00 Uhr

Unsere letzte Kirche ist, wie an den Öffnungszeiten erkennbar, nicht so oft zu besichtigen, aber auf jeden Fall einen Blick und eine Gebetszeit wert.

Hier begegnet uns ein Mann, der unsere Wege nicht zum ersten Mal kreuzt: Francesco Borromini. Und es zeigt sich einmal mehr, welch grandioser Architekt er war.

1303 wurde hier die Vorgängerin der späteren Universität La Sapienza (Die Weisheit) gegründet. Und hier stand auch die Vorgängerkapelle. Zwischen 1642 und 1664 wurde sie von Borromini durch den heutigen Bau ersetzt. Bis 1935 diente sie als Universitätskapelle.

Wieder einmal eine Kirche, bei der sich vorab ein Blick auf das Äußere lohnt.

Schauen Sie sich in Ruhe diesen phantastischen Turm an, der sich von der Kuppel aus in den Himmel windet. Schneckenförmig dreht er sich nach oben. Denken Sie daran: Es war die Universitätskapelle. Dieser Turm soll das Wissen darstellen, das nach oben strebt. Darüber sehen wir die Krone der Weisheit: filigran und offen. Aber damit nicht genug. Über der Krone, über dem Wissen und der Weisheit, steht das Kreuz und somit der Glaube. Ein echtes Statement.

Vom Innenhof aus erscheint die sich nach oben windende Spirale wie drei übereinanderliegende Kronen und erinnert somit zusätzlich an die frühere Papstkrone (Tiara).

Passend zu diesem Ort lautet die Inschrift am Universitätsgebäude: »INITIUM SAPIENTIAE TIMOR DOMINI« – »Der Anfang aller Weisheit ist die Gottesfurcht«.

Gehen wir nun aber hinein und lassen, noch bevor wir das Innere der Kirche betreten, den wunderbaren Innenhof und das Gebäude mit seinen mächtigen Seitenflügeln auf uns wirken. Das ist kein Kreuzgang des Gebets und der Meditation, sondern ein Innenhof des Lehrens und Lernens. Doch auch der Verstand ist von Gott gegeben und so, wie sich Vernunft und Glaube nicht gegenseitig ausschließen, sondern sich ergänzen, ist es auch nicht störend, sondern durchaus passend, dass eine Kirche des Glaubens inmitten eines solchen Ortes des Wissens steht.

Außen wie innen zeigt dieser Bau wieder einmal, wie einzigartig und abwechslungsreich Borromini mit beschwingten Formen, Aus- und Einbuchtungen, Halbkreisen und Trapezen umgegangen ist.

Gehen Sie bitte hinein.

Wieder einmal ist es bei einem Werk von Borromini die Kuppel, die alles im Raum dominiert. Hier gibt es keinen überflüssigen Schnickschnack. Nur einen zentralen Raum, einen Hochaltar zur Ausrichtung und eine Kuppel, die Gedanken und Gebete nach oben streben lässt.

Alles ist so gestaltet, dass die Ansicht und Atmosphäre dieses Kirchenbaus angenehm und interessant gleichzeitig ist. Das ist hier vielleicht die wirkliche Kunst, die auch etwas vom Glauben an sich erzählt. Er sollte so angenehm und interessant sein, dass man sich gerne damit beschäftigt und sich weiter damit beschäftigen will. Langeweile sollte nicht aufkommen. Aber es sollte auch nicht völlig neu und dadurch überfordernd wirken. Das ideale und gesunde Mittelmaß mit einer feinen, spannenden Dynamik und einem ordentlichen Schuss Neugierde ist die hohe Kunst der Kunst …

… und des Glaubens.

Und so nehmen Sie sich bitte wieder ein wenig Zeit, um dieser Kunst, Ihrer Neugierde, Ihrem Glauben und dieser Dynamik Raum zu geben.

Zum Nachdenken und Nachbeten

Hier sind wir an einem Ort der Wissenschaft.
Aller Anfang einer Wissenschaft ist das neugierige Fragen.
Fragen sind auch viel interessanter als Antworten, weil sie uns auf die Suche gehen lassen. Das ist sowohl in der Wissenschaft als auch im Glauben so.
Nicht alles kann beantwortet werden, aber alles hinterfragt.
Deswegen hier eine kleine Aufgabe:
Stellen Sie Fragen. Schreiben Sie die ersten fünf Fragen auf, die Ihnen in den Kopf kommen. Einfach so. Egal, ob man Sie beantworten kann oder nicht. Es gibt keine falschen Fragen.

....

....

....

....

....

Und nun nehmen Sie genau diese Fragen mit ins Gebet.
Sicher wird es die eine oder andere geben, die nirgendwohin führt. Aber vielleicht sind ja eine oder zwei dabei, denen es sich lohnt nachzugehen und bei denen es sich auch lohnt, sich vielleicht zu fragen, woher sie kommen und warum sie in Ihnen schlummern.

....

....

....

Sieben Kirchen an einem Tag: Die Sieben-Kirchen-Wallfahrt

In den vergangenen fast 2000 Jahren gingen viele Menschen nicht nach Rom, um dort in erster Linie Kunst zu bewundern, nicht um Touristen zu sein, sondern als gläubige Christen, um die Ewige Stadt zu besuchen, zu bestaunen und zu bebeten. Ihr Anliegen war vor allem, Gott durch die Gräber der Märtyrer, die Kirchenräume und die sonstigen Orte nahezukommen. Ihre Sorgen und Bitten dorthin zu tragen, Gott zu suchen und zu finden und Christus auf diesem Weg zu begegnen, darum ging es ihnen: diese Stadt und ihre Wege als geistliche Orte zu erfahren.

Eine ganz konkrete geistliche Wegstrecke war und ist die Sieben-Kirchen-Wallfahrt, bei der man die sieben Hauptkirchen Roms innerhalb eines Tages besucht. Diese geht bis in die Spätantike zurück. Der heilige Philipp Neri belebte die Tradition im 16. Jahrhundert neu.

Dieser Tagesmarsch führt sowohl zu den Aposteln Petrus und Paulus wie auch zu verehrten Märtyrern und zu wichtigen Heiligtümern. Quasi Rome-to-go, aber nicht als Fastfood.

Es ist ein Weg, der zum Nachdenken, Nachbeten und Nachgehen einlädt. Manchen Menschen hilft es, an besonderen Orten zu beten oder auch nur zu verweilen, anderen wiederum hilft es, betend unterwegs zu sein, sich zu bewegen und darin Gedanken und Herzensanliegen zu ordnen. Dieser Weg kombiniert beide Formen.

Das Ziel ist nicht nur, einen alten Weg zu gehen oder besondere Orte zu sehen, sondern sich auch für alles dazwischen zu öffnen. Für die Menschen, die Straßen und die Eindrücke, die einem unterwegs begegnen. Der Reiz dieses Weges liegt nicht nur in den sieben Zielen, sondern auch darin, zu erleben, durch wie viele verschiedene Stadtteile er führt, und dadurch auch, wie viele verschiedene Gesichter Rom auf dieser Strecke von sich zeigt.

Nach jedem Abschnitt bleibt Ihnen unter *»Was bleibt vom Weg«* auch hier Raum, um ein paar Gedanken schriftlich festzuhalten. Nehmen Sie sich bitte auch die Zeit dafür.

Es lohnt sich.

Ein paar praktische Hinweise

1. Weg: Die Wegstrecke beträgt über 20 Kilometer, also ist gutes Schuhwerk und ein wenig Kondition gefordert.

2. Zeit: Der zeitliche Faktor ist nicht zu unterschätzen. Der Weg ist gut an einem Tag machbar, aber Sie wollen ja auch noch ein wenig Zeit in und an den Kirchen verbringen. Deshalb empfiehlt es sich, schon frühmorgens zu beginnen. Vor allem in der warmen Jahreszeit. Es ist auch zu beachten, dass manche Kirchen über die Mittagszeit schließen.

3. Karte: Der ganze Weg ist zwar im nachfolgenden Kapitel beschrieben, es ist aber sicherlich sinnvoll, wenn Sie sich den Weg vorher auf einer Karte anschauen und eine dabeihaben. Wie im Vorwort schon einmal erwähnt: In Zeiten von Google Maps und ohne zusätzliche Roaming-Gebühren in der EU ist es einfach und praktisch, ab und an sein Smartphone zu Rate zu ziehen.

Hinweis für eine Gruppe:

Nicht nur die Zielorte, die Gebete und der Weg an sich waren und sind wichtig. Auch das gemeinsame Unterwegssein, gemeinsam Gottesdienst zu feiern, das gemeinsame Essen am Beginn, dazwischen und am Schluss gehörten und gehören zu diesem Weg dazu. Gemeinsam unterwegs zu sein, um den Weg, den Glauben und das Leben zu teilen.
Vielleicht können Sie dies von Anfang an bei Ihrem gemeinsamen Weg mit im Blick haben und einplanen.
Die *Fragen und Gedanken für den Weg* können eine Einladung sein, sich darüber unterwegs zu zweit oder in der Gruppe zu unterhalten.

Genug der Worte.

Freuen wir uns und sind wir gespannt, was dieser Weg heute für uns bereithält. Unsere Reise beginnt bei Maria Maggiore und mit einem Gebet.

Weggebet

Du, Herr meines Weges,
begleite mich auf all meinen Schritten
und in meinen Gedanken und Gebeten.
Sei du Ausgangspunkt und Ziel,
Weg, Wahrheit und Leben.
Und so segne mich in all dem
der Vater, der Sohn und der Heilige Geist. Amen.

Sieben-Kirchen-Wallfahrt

1. Santa Maria Maggiore

Adresse: Piazza di S. Maria Maggiore 42, 00100 Rom
Öffnungszeiten: Täglich 07:00–19:00 Uhr

Unser Weg beginnt bei der Basilika Santa Maria Maggiore, auf Deutsch: Groß Sankt Maria. Aber sie hat noch mehrere Namen: Santa Maria della Neve, was so viel heißt wie »Heilige Maria vom Schnee«, oder auch Santa Maria ad praesepe, »Heilige Maria an der Krippe«. Der erste Name bezieht sich auf ihre Größe, der zweite auf eine ihrer Gründungslegenden und der dritte auf eine ihrer Reliquien im Inneren.

Maria Maggiore wurde im Jahr 432 auf dem Esquilin, einem der sieben Hügel Roms, errichtet und gilt als die älteste Marienkirche Roms.

Um ihren Weihetag herum, den 5. August, rankt sich eine Legende, die ihr ihren zweiten Namen, »della Neve«, eingebracht hat und die sich am 5. August 352 zugetragen haben soll. Danach ist Maria einem Patrizier erschienen und hat ihm mitgeteilt, man solle ihr zu Ehren dort, wo am nächsten Morgen Schnee liegen werde, eine Kirche bauen. Sicher ist es nicht erwähnenswert, dass es sehr unwahrscheinlich war und bis heute ist, dass es in Rom Anfang August Schnee gibt. Dem damaligen Papst Liberius soll im Traum das Gleiche erzählt worden sein, und natürlich soll es am nächsten Morgen an der Stelle, wo heute die Kirche steht, Schnee gegeben haben.

Unterhalb des Altares birgt die Kirche in ihrem Inneren eine besondere Reliquie, die (angeblichen) Überreste der Krippe aus Betlehem, die hier seit dem 7. Jahrhundert verehrt werden. Daher eben der dritte Beiname.

Die Kirche wurde im Verlauf der Jahrhunderte immer wieder umgestaltet. Die wunderbaren Mosaiken sind das Einzige, was aus der ursprünglichen Basilika erhalten ist.

Die Kassettendecke ist aus massivem Gold und wahrscheinlich aus der ersten Goldladung, die nach Kolumbus' Atlantikfahrt aus Amerika in die Alte Welt gebracht und von Isabella von Kastilien dem Papst gestiftet wurde.

Neben einigen Päpsten hat auch ein Künstler, der uns früher schon begegnet ist und immer wieder in Rom begegnet, hier seine letzte und bescheidene Ruhestätte gefunden. Gian Lorenzo Bernini liegt vorne rechts neben dem Altarraum (sein Vater Pietro übrigens auch). Sein Name steht auf den Stufen, unter denen er begraben liegt, geschrieben.

Ganz nebenbei: Maria Maggiore ist, wie auch San Giovanni in Laterano und San Paolo fuori le Mura, Exterritorialgebiet des Vatikans.

Noch vieles mehr gäbe und gibt es in dieser Kirche zu entdecken, aber wir haben heute noch einiges vor; deshalb konzentrieren wir uns an diesem Ort nur auf ein Bild, genauer gesagt: eine Mariendarstellung.

Bitte wenden Sie sich der letzten Seitenkapelle vorne links zu und richten Sie Ihren Blick nach oben zu den Fresken.

Sehen Sie die Madonna, die auf dem Mond steht? Genau um diese geht es jetzt.

Das Besondere an ihr? Traditionell steht Maria in solch einer Darstellung auf einer Mondsichel, doch hier steht sie auf einem vollen Mond – und nicht auf irgendeinem. Der Künstler Ludovico Cigoli war ein Freund von Galileo Galilei und trotz dessen umstrittener Theorien hat er hier etwas von ihm verewigt. Dieser Mond ist nämlich kein strahlend glattes, gelbes Ding, es ist ein grauer Planet mit Kratern und Schatten. Es heißt, Cigoli habe ihn nach den Beschreibungen gemalt, wie man den Mond durch Galileis Fernrohr sehen konnte.

In diesem Marienbild kommt beides zusammen: alte Tradition und neue Gedanken. Das Wissen um die Herkunft und die Offenheit für die Zukunft.

Vielleicht ist deshalb genau hier ein guter Start für unseren Weg. Mit diesem Bild vor Augen brechen wir auf.

Fragen und Gedanken für den Weg

Was trägt mich?
Woher komme ich?
Welche Tradition und Geschichte haben mich geprägt?
Aber auch: Wo spüre ich Offenheit und Neugierde für Neues in meinem Leben?

Unser Weg führt uns nun weiter ...

Wenn wir aus der Kirche herauskommen, gehen wir linker Hand in die Via Gioberti Richtung Hauptbahnhof Termini. Wenn wir diesen erreicht haben, gehen wir einfach mitten durch das Bahnhofsgebäude auf die andere Seite zur Via Marsala hindurch und wenden uns hier nach rechts. Wir gehen die Via Marsala ein Stück entlang, bis wir links in die Via Castro Pretorio einbiegen und diese geradewegs durchgehen. Wenn wir das Ende der Straße erreicht haben, gehen wir ein wenig schräg geradeaus in die Viale dell'Università. Dieser folgen wir und gehen somit durch das Univiertel von Rom, bis wir zur Viale Regina Elena kommen. Auf dieser halten wir uns rechts und gehen dadurch schon direkt auf San Lorenzo fuori le Mura zu.

Was bleibt vom Weg

Sieben-Kirchen-Wallfahrt

2. San Lorenzo fuori le Mura

Adresse: Piazzale del Verano 3, 00185 Rom
Öffnungszeiten: Täglich 8:00–12:00 und 16:00–19:00 Uhr

San Lorenzo fuori le Mura, zu Deutsch: Sankt Lorenz vor den Mauern, ist eine altehrwürdige Kirche, die bis auf das 4. Jahrhundert, d.h. auf die Zeit Konstantins, zurückgeht. Diese Kirche hat über die Jahrhunderte hinweg viele Umbauten und Umnutzungen erlebt. Ursprünglich war sie Patriarchatskirche für Jerusalem, d.h. die Kirche, in der der Patriarch von Jerusalem bis zur Spaltung von Ost- und Westkirche Gottesdienste feierte, wenn er in Rom weilte.

In ihrer heutigen Gestalt ist sie dem heiligen Laurentius gewidmet und ganz nebenbei auch noch dem heiligen Stephanus, deren beider Reliquien hier im Altarraum, der früher einmal eine separate Kirche war, verehrt werden.

San Lorenzo ist die größte Begräbniskirche Roms, da sich hinter ihr der große Friedhof Campo Verano (siehe S. 57) auftut.

Hier lohnt sich auch ein Besuch des schönen romanischen Kreuzgangs. Doch vielleicht an einem anderen Tag, an dem Sie mehr Zeit und Muße extra für diesen Ort haben.

Bevor wir uns aber einem Patron dieser Kirche zuwenden, ein paar Worte zu dessen Leben.

Laurentius lebte Mitte des 3. Jahrhunderts in Rom. Wir befinden uns mit ihm also noch in der Zeit vor Kaiser Konstantin, d.h. in einer Zeit, in der die Christen immer wieder und aus unterschiedlichsten religiösen wie auch politischen Gründen verfolgt wurden. Christ zu sein war schon nicht ganz ungefährlich, umso mehr für die, die in der Kirche arbeiteten, wie sich an Laurentius zeigt.

Laurentius war Christ und, so heißt es, Diakon und war darin für das Kirchenvermögen der Stadt und dessen gerechte und soziale Verteilung zuständig.

Nachdem Kaiser Valerian den damaligen Papst Sixtus II. hatte umbringen lassen, ergriff er auch Laurentius, ließ ihn auspeitschen und gab ihm eine Frist von drei Tagen, um ihm den Kirchenschatz zu übergeben. Dieser jedoch verteilte schnell das ganze Geld, sammelte viele Arme und Kranke um sich und präsentierte diese dem Kaiser als den wahren Schatz der Kirche.

Wenig verwunderlich, dass das dem Kaiser nicht gefallen hat. Er ließ Laurentius zu Tode foltern und u.a. auf einem Rost über dem Feuer grillen. Laurentius soll dabei sogar noch gescherzt haben, dass er gewendet werden möchte, weil er noch nicht durch sei. – Wegen dieser Folter wird Laurentius mit einem Rost dargestellt.

Wir wollen uns nun Laurentius in einer Darstellung im Kirchenraum anschauen.

Vorne links steht er aufrecht und ehrfürchtig als marmorne Figur vor den Pilgern und Besuchern. Gekleidet in das Gewand eines Diakons, in der einen Hand sein Martyriumswerkzeug und in der anderen eine kleine Kiste. Sie ist der Schatz der Kirche und steht sowohl für das Geld, das nicht unwichtig war (und ist), als auch für die Armen und auf Hilfe angewiesenen Menschen, die im Fokus der Kirche sein mussten und müssen.

Laurentius weist hier mit allem, was an ihm und durch ihn dargestellt ist, auf das hin, was am Ende seines Lebens wichtig war, und ermahnt dadurch auch die Kirche und jeden Christen und jede Christin bis zum heutigen Tag daran.

Fragen und Gedanken für den Weg

Was ist mir in meinem Leben das Wichtigste?
Wie ist mein Verhältnis zu Geld?
Wie denke ich über das Thema Geld und Kirche?
Wo gibt es in meiner Umgebung Arme und Kranke, und sehe ich diese bzw. welche Rolle gebe ich ihnen in meinem Leben und Glauben?

Unser Weg führt uns nun weiter …

Wir gehen aus der Kirche und wenden uns links auf die Via del Verano, folgen dieser dann, bis sie in den Viale dello Scalo di San Lorenzo übergeht, und bleiben auch auf diesem Weg. Hier muss man ein wenig aufpassen, dass man die richtigen Wege und Straßen erwischt.

Dies ist sicherlich nicht die attraktivste Gegend Roms, aber sie gehört genauso zu dieser Stadt wie die marmorierten Plätze. Wir haben ja auch nicht nur schöne Seiten …

Nun gehen wir geradewegs durch den Autotunnel und finden uns auf der Piazza di Porta Maggiore wieder. Diesen überqueren oder besser gesagt: umgehen wir und biegen in die Via Eleniana, deren Name uns schon auf unser kommendes Ziel bzw. auf eine Dame, die mit diesem zu tun hat, hinweist. Wir folgen dieser Straße und linker Hand öffnet sich dann die Piazza, auf der Santa Croce in Gerusalemme steht.

Was bleibt vom Weg

Sieben-Kirchen-Wallfahrt

3. Santa Croce in Gerusalemme

Adresse: Piazza di S. Croce in Gerusalemme, 00185 Rom
Öffnungszeiten: Täglich 07:15–12:45 und 15:30–19:30 Uhr

Die Kirche vom Heiligen Kreuz zu Jerusalem führt uns zum einen, wie der Name schon sagt, nach Jerusalem und zum anderen wieder zurück in die Zeit Konstantins, genauer gesagt: zu seiner Mutter, der heiligen Helena. Diese war Christin und, wie es die Legende erzählt, noch im hohen Alter daran interessiert, die heiligen Stätten in Jerusalem mit eigenen Augen zu sehen. Gesagt, getan. Doch so einfach war das nicht. Jerusalem war im Jahr 70 nach Christus von den Römern völlig zerstört worden.

Helena machte sich ans Werk und ließ die wichtigsten christlichen Stätten in Jerusalem und Betlehem wieder ausgraben. Sie soll dabei u.a. das Kreuz Jesu Christi gefunden und dann drei Splitter des Kreuzes, einen Kreuzesnagel, die

Kreuzestafel mit der INRI-Inschrift, Erde vom Berg Golgota und die Steinstufen, die ins Präteritum des Pontius Pilatus hinaufgeführt haben, nach Rom geschafft haben. Letztere findet man heute noch neben dem Lateran, die sogenannte Scala Santa. Alles andere hat seinen Platz in Santa Croce in Gerusalemme gefunden.

Die Kirche steht an dem Ort, an dem früher ein Palast stand, den Helena wahrscheinlich zeitweise selbst bewohnt hat. Konstantin gab dann nach ihrem Tod den Bau der Kirche in Auftrag. Für das Fundament wurde hierfür angeblich u.a. die Erde benutzt, die Helena aus Jerusalem mitgebracht hatte.

Gehen wir hinein. In der Apsis der Kirche zeigt sich ein Fresko, das die Auffindung des Kreuzes zeigt.

Wenn wir weiter nach vorne gehen, führen uns linker Hand eine Tür und die dahinterliegenden Treppen und Gänge zu den Reliquien, die dieser Kirche ihren Namen verliehen haben. Vielleicht ist es an dieser Stelle passend, das Evangelium, in dem Jesus selbst vom Kreuz spricht, auf sich wirken zu lassen:

Aus dem Matthäusevangelium (Mt 16,21–24)

Von da an begann Jesus seinen Jüngern zu erklären: Er müsse nach Jerusalem gehen und von den Ältesten und Hohepriestern und Schriftgelehrten vieles erleiden, getötet und am dritten Tag auferweckt werden.

Da nahm ihn Petrus beiseite und begann, ihn zurechtzuweisen, und sagte: Das soll Gott verhüten, Herr! Das darf nicht mit dir geschehen!

Jesus aber wandte sich um und sagte zu Petrus: Tritt hinter mich, du Satan! Ein Ärgernis bist du mir, denn du hast nicht das im Sinn, was Gott will, sondern was die Menschen wollen.

Darauf sagte Jesus zu seinen Jüngern: Wenn einer hinter mir hergehen will, verleugne er sich selbst, nehme sein Kreuz auf sich und folge mir nach.

Fragen und Gedanken für den Weg

Nach Jerusalem zu gehen, die Orte dort zu sehen und zu entdecken, war der Glaubensweg der heiligen Helena, um Jesus ganz konkret näherzukommen.
Wie suche ich Christus in meinem Leben?
Was bedeutet für mich Nachfolge und das »ihm Nachgehen«?
Und wie ist es mit dem Kreuz?
Welches sind meine Kreuze, die ich in meinem Leben zu tragen habe, oder auch die, die ich mit anderen mittrage?

Unser Weg führt uns nun weiter …

Dieses Mal ist der Weg ganz einfach und verhältnismäßig kurz. Wenn wir aus der Kirche herausgehen, gehen wir links und folgen der Viale Carlo Felice und gehen dadurch automatisch auf San Giovanni in Laterano zu.

Ganz nebenbei: Bevor Sie die große Kreuzung vor San Giovanni in Laterano überqueren, begegnen Sie noch linker Hand der Statue des heiligen Franziskus. Dieser war auch einmal hier und steht nun mit offenen Armen an dieser Stelle. Diese Arme sollen einerseits offen zum Himmel hin ausgerichtet sein und gleichzeitig die Kirche stützen. Dazu später aber mehr.

Was bleibt vom Weg

4. San Giovanni in Laterano

Adresse: Piazza di S. Giovanni
in Laterano 4, 00184 Rom
Öffnungszeiten:
Täglich 07:00–18:30 Uhr

Mit dem Betreten des Laterans befinden wir uns, wie schon bei Maria Maggiore, wieder einmal auf exterritorialem Vatikangebiet.

Der Name ‚Laterano' geht auf eine altrömische Patrizierfamilie namens Laterani, die hier lebte, zurück. Und dieses Fleckchen Erde, an dem wir uns jetzt aufhalten, war von der Spätantike bis hin zum Hochmittelalter das Machtzentrum der westlichen Kirche. Warum? Weil die Päpste hier ihren Sitz hatten und erst nach ihrem »kurzen Ausflug« nach Avignon (immerhin von 1309 bis 1377) im Vatikan ihre neue Heimat fanden.

Ganz nebenbei: Der Papst ist in seiner Funktion gleichzeitig auch Bischof von Rom, und bis heute ist seine Bischofskirche dafür nicht der Petersdom, wie viele vielleicht denken, sondern San Giovanni in Laterano.

Wieder einmal war es Kaiser Konstantin, der die Kirche und das dazugehörige Grundstück stiftete. Erbaut im ersten Drittel des 4. Jahrhunderts, war sie das erste monumentale und gleichzeitig offizielle Kirchengebäude der Christenheit. Wie für die damalige Zeit üblich im Stil einer Basilika. In diesem Baustil wurden ursprünglich nicht Kirchen, sondern große Versammlungsorte, wie z.B. Gerichtsräume oder Markthallen, errichtet. Die Form an sich, ein Hauptschiff mit Nebenschiffen, und das alles von Säulenreihen getragen, war schlicht und ergreifend praktisch für eine große Ansammlung von Menschen und somit auch für eine Kirche, wie sie Konstantin vorschwebte.

Die Patrone der Kirche sind der heilige Johannes Evangelist und der heilige Johannes der Täufer gleichermaßen. Wir sehen sie draußen auf dem Dach rechts und links neben Christus (dieser natürlich in der Mitte) stehen.

Schauen wir uns die Kirche im Inneren an. Die ursprüngliche Kirche hatte die Ausmaße ohne die heutige Apsis und ohne das heutige Querschiff; diese wurden erst später angefügt. Von der ursprünglichen Ausgestaltung ist nichts mehr übrig. Die Abwesenheit der Päpste im 12. Jahrhundert, Plünderungen, Brände und Erdbeben müssen dieser Kirche über die Jahrhunderte hinweg schwer zugesetzt haben. Kein Geringerer als Francesco Borromini (siehe S. 105) machte sich 1647 bis 1649 an die Neugestaltung. Die Klarheit und Eleganz der überdimensionalen marmornen Apostelgestalten, die uns rechts und links im Hauptschiff begegnen, haben wir ihm zu verdanken.

Auch hier haben wir nicht die Zeit, die Kirche in ihrer Gänze zu bewundern. Das, was uns hier und heute interessiert, findet sich ausnahmsweise nicht in, sondern an der Außenseite der Kirche. Gehen Sie deshalb wieder zum Hauptausgang hinaus und schauen Sie sich die Fassade von San Giovanni einmal genauer an.

Rechts und links neben dem Haupteingang sehen Sie über den Grundpfeilern der Fassade ein Relief mit der früheren Papstkrone und den gekreuzten Schlüsseln und darunter die Worte »omnium urbis et orbis ecclesiarum mater et caput«.

Hier geht es nicht um irgendeine Kirche, hier geht es um *die* Kirche. Die Inschrift bedeutet, diese Kirche ist »Mutter und Haupt aller Kirchen der Stadt und des Erdkreises«, das heißt, sie ist sozusagen das Stein gewordene Zeichen der

Einheit des damaligen Christentums und der heutigen katholisch-römischen Kirche.

Fragen und Gedanken für den Weg

Der persönliche Glaube ist genauso wichtig wie der gemeinschaftliche. Nur für sich allein zu glauben birgt die Gefahr der Absolutsetzung der eigenen Meinung und ist ohne Gegengewicht und Maß. Alles einfach nur zu glauben, was der gemeinschaftliche Glaube lehrt, birgt andererseits die Gefahr, kein Gegenstück im persönlichen Nachdenken und Entscheiden zu haben. Beides ist wichtig.
Wie ist für mich dieses Verhältnis?
Wie wichtig ist mir persönliches Glauben, Nachdenken und Urteilen, und wie wichtig ist mir das Glauben in und Erleben von Gemeinschaft?
Und besonders an diesem Ort: Wie ist mein Verhältnis zur Kirche als Gemeinschaft und zur Kirche als Institution?

Unser Weg führt uns nun weiter ...

Wir verlassen das Haupt und die Mutter aller Kirchen, denn wir haben heute noch einiges an Weg vor uns. Die ersten vier Kirchen »gingen« ja schnell, aber jetzt geht es hinaus aus der Stadt.

Vom Hauptausgang aus gehen wir nun links am Lateranpalast entlang und umgehen diesen. Gegenüber, auf der anderen Straßenseite, sehen Sie das Gebäude der Scala Santa, d.h., darin ist die Heilige Treppe, von der vorher schon bei Santa Croce in Gerusalemme die Rede war. Es handelt sich um die Treppe, die die hl. Helena aus Jerusalem mitgebracht haben soll.

Wir gehen links weiter am Lateranpalast entlang und gelangen zu dessen Rückseite. Hier gibt es drei besondere Dinge am Weg.

Erstens und unübersehbar: einen riesigen Obelisken. Ein antikes Diebesgut aus Ägypten, so wie einige andere Obelisken, die in der Stadt verteilt sind. Dieser hier stand früher im Circus Maximus. Er ist der größte der Welt (31 Meter hoch ohne Sockel) sowie auch einer der ältesten (15. Jahrhundert vor Christus) und wurde im 16. Jahrhundert hier aufgestellt.

Zweitens sehen Sie sich bitte einmal diesen Seiten- bzw. Hintereingang von San Giovanni an. Wir haben, bevor wir zum Lateran kamen, die Figur des heiligen Franziskus mit seinen zum Himmel erhobenen Händen gesehen. Falls Sie schon einmal in Assisi waren: Vielleicht erinnern Sie sich an die Oberkirche von San Francesco. Es gibt darin ein Fresko, das zeigt, wie der damalige Papst träumt, dass ein Bettelmönch (Franziskus) eine bzw. die Kirche stützt. Die dargestellte Kirche ist eindeutig der Lateran, und zwar in der Ansicht, wie Sie ihn jetzt sehen. Wenn Sie das nächste Mal in Assisi sind, werfen Sie bitte einen Extrablick auf das besagte Fresko und erinnern Sie sich an den hiesigen Ort.

Und last, but not least, zum Dritten: Schauen Sie auf das achteckige Gebäude auf der rechten Seite des Platzes. Das ist das Baptisterium, d.h. die Taufkapelle des Laterans, und es war wahrscheinlich der Prototyp aller Baptisterien im Christentum. Darüber hinaus war diese Architektur vorbildhaft für vergleichbare Bauten in Florenz, Aachen, Ravenna und Parma.

Genug der Eindrücke. Gegen wir nun weiter. Wir lassen das Baptisterium links liegen und gehen die Via dell'Amba Aradam hinunter, vorbei an einem großen Krankenhaus, über die Piazza Porta Metronia und folgen der Via Druso bis zum Piazzale Numa Pompilio.

Dort biegen wir links in die Via di Porta San Sebastiano ein, die schon auf unser Ziel hinweist. Ein völlig anderes Stadtbild zeigt sich uns jetzt. Unser Weg führt uns aus der Stadt hinaus. Rechts und links gibt es fast nur noch Mauern, die dahinterliegende grüne Anlagen vermuten lassen. Wir folgen der Straße bis zur Porta San Sabastiano, die uns auf die andere Seite der Aurelianischen Mauer führt, überqueren außerhalb der Mauern die vor uns liegende Straße und folgen weiter der Via Appia Antica, der alten Straße, die schon vor 2000 Jahren hinaus aus Rom führte. Auf dieser gehen wir einfach weiter.

Jetzt haben wir endgültig den Trubel der Stadt verlassen und befinden uns mitten im Grünen. Wir begegnen linker Hand der Kirche Domine Quo Vadis (siehe S. 67) und folgen einfach weiter der Via Appia Antica, bis uns rechts die Kirche San Sebastiano fuori le Mura begrüßt.

Was bleibt vom Weg

Sieben-Kirchen-Wallfahrt

5. San Sebastiano fuori le Mura

Adresse: Via Appia Antica 136, 00179 Rom
Öffnungszeiten: Täglich 09:00–19:00 Uhr

Unser Weg hat uns nun, wie schon gesagt, merklich aus der Stadt hinausgeführt. Nicht nur, dass wir uns wieder einmal außerhalb der antiken Stadtmauern befinden, hier unweit der alten Via Appia Antica fühlt es sich durch das viele Grün auch wirklich so an.

Wir sind hier an dem Ort, wo sich drei der öffentlich zugänglichen Katakomben (San Sebastiano, Calixtus und Domitilla) nur einen Steinwurf voneinander entfernt befinden. Wir stehen jetzt vor der Basilika San Sebastiano und damit auch gleichzeitig am Eingang der dazugehörigen Katakombe.

An diesem Ort soll es bereits im 1. Jahrhundert Gräber gegeben haben, und seit dem 3. Jahrhundert wurden hier Christen beigesetzt.

In dieser Zeit, d.h. während der damaligen Christenverfolgungen, wurden hier auch die Apostel Paulus und Petrus verehrt, weil die Apostelgräber durch die Verfolgung nicht mehr zugänglich waren. Kaiser Konstantin ließ deshalb hier an diesem denkwürdigen Ort eine Kirche bauen. Ihre heutige Gestalt hat sie erst seit der Renovierung im 17. Jahrhundert.

Das Patronat des heiligen Sebastian, des bekanntesten Märtyrers dieser Katakombe, hat sie erst seit dem 8. Jahrhundert. Befassen wir uns ein wenig mit diesem Heiligen und gehen dazu in die Kirche. Wenn wir links in der Kirche voranschreiten, sehen wir ihn in Marmor von Pfeilen durchbohrt daliegen.

Aber wer war dieser Heilige, außer dass er mit Pfeilen niedergeschossen wurde?

Die Legende erzählt, dass er Hauptmann am kaiserlichen Hof von Kaiser Diokletian und ein heimlicher Christ war. In dieser Stellung soll er in aller Heimlichkeit Christen im Gefängnis geholfen und ihnen beigestanden haben. Weiter heißt es, dass Kaiser Diokletian von seinem Christsein erfuhr, ihn an einen Baum binden und ihn von Pfeilen durchbohren ließ. Er wurde für tot gehalten, überlebte aber und wurde gesund gepflegt. Danach trat er dem Kaiser öffentlich entgegen und hielt ihm die Sinnlosigkeit und Grausamkeit der Christenverfolgung vor. Doch der Kaiser ließ ihn anschließend zu Tode peitschen und seinen Leichnam in die Cloaka Maxima (den größten Abwasserkanal) werfen. Christen fanden ihn und bestatteten ihn hier an diesem Ort.

Fragen und Gedanken für den Weg

Wenn Sebastian (hier wie auch sonst meist) mit Pfeilen in seinem Körper gezeigt wird, so wird damit jedoch nicht sein Tod dargestellt, sondern sein Überleben und seine Wandlung zum überzeugten, sich öffentlich bekennenden Christen.
Wie steht es um meinen Glauben?
Wie privat oder öffentlich ist dieser für mich?
Was spielt der Glaube in meinem Leben für eine Rolle im Zusammenspiel mit anderen?
Kann ich mit anderen Menschen über meinen Glauben sprechen?

Unser Weg führt uns nun weiter …

Wir gehen wieder aus der Kirche hinaus, über ihren Platz und biegen links in die Via delle Sette Chiese ein. Der Name dieser Straße zeigt, dass wir auf dem richtigen Weg sind: die Straße der sieben Kirchen. Wir folgen ihr, sehen nach einiger Zeit links den Eingang zur Domitilla-Katakombe und kommen langsam, aber sicher wieder ins Stadtgebiet.

Wir überqueren die Piazza dei Navigatori und die große Via Cristofero Colombo und folgen dann wieder weiter der Via delle Sette Chiese. Auf diesem Abschnitt des Weges muss man manchmal ein wenig den Anschluss der Straße neu suchen, aber im Prinzip folgen wir ihr immer weiter bis zu unserem nächsten Ziel.

Wir überqueren die Piazza Oderico da Pordenone und durchlaufen somit ein schönes, gehobenes Wohnviertel von Rom mit hübschen Bäckereien und Cafés, die vielleicht auch zu einer kurzen Pause einladen. Immer weiter der Straße folgend, erreichen wir den Largo delle Sette Chiese, überqueren diesen und folgen weiter unserer Straße. Weiter vorbei an kleinen Parks führt die kleine Straße uns langsam, aber sicher zu San Paolo fuori le Mura, deren auffälliger Kirchturm uns als Erstes begrüßt.

Was bleibt vom Weg

....

....

....

....

....

....

....

Sieben-Kirchen-Wallfahrt

6. San Paolo fuori le Mura

Adresse: Piazzale San Paolo 1, 00146 Rom
Öffnungszeiten: Täglich 07:00–18:30 Uhr

Der Name dieser ehrwürdigen Kirche erklärt sich von selbst: Sankt Paul vor den Mauern, und mit dem Betreten dieser Kirche befinden wir uns wieder einmal auf exterritorialem Gebiet des Vatikans.

Der Apostel Paulus soll nach langer Missionstätigkeit Mitte der 60er Jahre des ersten Jahrhunderts in Rom gewesen und dort hingerichtet worden sein. Der Überlieferung nach soll er hier nicht den Tod gefunden haben (siehe S. 92), aber hier bestattet worden sein. Kaiser Konstantin ließ deshalb an dieser Stelle Anfang des 4. Jahrhunderts eine Kirche bauen, die Ende des 4. Jahrhunderts schon vergrößert werden musste.

Diese antike Basilika blieb zwar bis in die Neuzeit erhalten, aber leider nicht bis zu uns. 1823 fiel ein Großteil der Kirche einem Brand zum Opfer. Danach wurde der Rest auch abgerissen und die Kirche völlig neu wiederaufgebaut.

Gehen wir am Längshaus entlang in Richtung Haupteingang und damit auch in den Vorhof der Kirche. Der Paulusfigur in dessen Mitte wenden wir uns später zu. Blicken wir zuerst gemeinsam auf das wunderbare Außenmosaik von Sankt Paul. Es zeigt in der unteren Reihe vier der Propheten aus dem Alten Testament. Darüber eine Darstellung, die uns in Rom in einigen wesentlich älteren Mosaiken auch hin und wieder begegnet, hier aber in einem neuen Gewand: jeweils sechs Lämmer (die zwölf Apostel bzw. die zwölf Stämme Israels), die von zwei Städten aus (Bethlehem und Jerusalem) zur Mitte hin unterwegs sind, zu Christus, dem wahren Opferlamm, der Quelle des Lebens. Darüber der lehrende Christus mit Paulus (rechts mit dem Schwert) und Petrus (links mit den Schlüsseln).

Gehen wir hinein. Auch wenn es nicht mehr die ursprüngliche Kirche ist, war die alte Kirche ähnlich riesig, und die Dimensionen der fünfschiffigen Basilika verfehlen bis zum heutigen Tag nicht ihre Wirkung.

Unter dem Altar hat man 2005 bei Ausgrabungen einen Sarg mit der Inschrift Paulo Apostolo Mart (‚dem Apostel und Märtyrer Paulus‘) gefunden, bei dem man vermutet, dass es sich um das Grab des Apostels Paulus handelt, der hier an dieser Stelle seit 1600 Jahren verehrt wird. Eine kleine Stelle wurde offengehalten; Sie können dort ein Stück des Sarges sehen.

Auffällig an dieser Kirche sind die vielen Medaillons mit Gesichtern und Namen, die am oberen Rand durch den gesamten Raum »wandern«. Diese Bilder, es sind alles Mosaiken, stellen alle Päpste vom Anfang bis heute dar. Angefangen, rechter Hand in der Apsis, natürlich mit Petrus. Der aktuelle Papst wird im ersten rechten Seitenschiff angestrahlt. Einer

Legende nach geht die Kirche unter, wenn kein Platz mehr für Päpste hier ist; aber keine Angst, es wird immer neu Platz gefunden oder geschaffen.

Gehen wir nun wieder in den Vorhof und wenden wir uns, wie schon angekündigt, dezidiert Paulus oder besser gesagt seiner Figur und seinen Schriften zu.

Sehen Sie sich diesen ernst dreinblickenden Mann bitte in Ruhe an und lesen und hören Sie, was er den Galatern zu sagen hatte.

Aus dem Brief des Apostels Paulus an die Galater (Gal 3,26–29)

Schwestern und Brüder,

ihr alle seid durch den Glauben Söhne (und Töchter) Gottes in Christus Jesus.

Denn ihr alle, die ihr auf Christus getauft seid, habt Christus angezogen.

Es gibt nicht mehr Juden und Griechen, nicht Sklaven und Freie, nicht männlich und weiblich; denn ihr alle seid einer in Christus Jesus.

Wenn ihr aber Christus gehört, dann seid ihr Abrahams Nachkommen, Erben gemäß der Verheißung.

Dieser ernst dreinblickende Paulus war ein großer Vermittler. Als ehemals gläubiger Jude wurde er Christ und missionierte Nichtjuden. Er schuf eine Brücke zwischen Judenchristen und Heidenchristen. Bei aller Entscheidung, die Paulus bzw. der Glaube forderte und fordert, bei aller Trennung zwischen Menschen, Freunden und Familien, die dies auch mit sich bringen kann, führte und führt diese Entscheidung doch auch viele Menschen zusammen. Verschiedenste Menschen, die auch aus verschiedensten Gründen religiös, gesellschaftlich oder politisch getrennt waren.

Paulus steht u.a. für ein Christentum, das frei und flexibel ist und neue Wege gehen kann, ohne dabei Christus in dessen Mitte zu verlieren.

Gedanken und Fragen für den Weg

Wir denken und leben immer in Kategorien und Relationen: Juden und Griechen, Männer und Frauen, Schwarze und Weiße, Alte und Kinder ...
Diese Kategorisierung ist auch nicht schlimm. Sie hilft uns. Schlimm wird es erst, wenn wir nicht zuerst den Menschen an sich sehen, sondern nur die Kategorie.
In welchen Kategorien denke ich und in welche Schubladen stecke ich die Menschen in meiner Umgebung?
Wo könnte und kann der christliche Glaube mir helfen, Vorurteile abzubauen?

Unser Weg führt uns nun weiter ...

Das letzte und gleichzeitig längste Wegstück liegt nun vor uns. Wenn wir die Kirche verlassen, halten wir uns rechts und gehen an der Viale San Paolo entlang. Diese mündet dann in die große Via Ostiense. Dieser folgen wir.

Wie schon einmal: Dies ist sicherlich nicht der schönste Teil von Rom, aber er gehört auch dazu. Hier liegt ein altes Industriegebiet der Stadt, und am Ufer des Tibers finden sich die Hütten von Armen und Obdachlosen. Linker Hand begegnet uns irgendwann der Eingang des Museums Centrale Montemartini.

Kleiner Tipp: Wenn Sie einmal Zeit haben: unbedingt besuchen.

Wir folgen weiter der Via Ostiense, vorbei am Bahnhof Roma Ostiense bis zur Porta San Paolo. Wir lassen die Pyramide und den Cimitero Acattolico di Roma (*Kleiner Tipp:*

auch irgendwann mal einen Besuch wert) links liegen und folgen der Via Marmorata bis zum Tiber und über die Ponte Sublicio. Dann folgen wir geradeaus der Via di Porta Portese, die dann in die Via Girolamo Induno übergeht und nach wenigen Metern auf die große Viale di Trastevere trifft. Nun wandelt sich unsere Ansicht von Rom noch einmal völlig, denn Trastevere ist und bleibt mit seinen vielen Cafés und Restaurants etwas Eigenes und Besonderes.

Alternativweg: Alternativ könnte man jetzt den Weg einfach quer durch Trastevere, dann am Tiber entlang bis hoch zum Vatikan laufen. Doch ich schlage hier den Weg über den Gianicolo vor.

Wir gehen über die Viale di Trastevere, wenden uns rechts und dann gleich wieder links in die nächste Straße, die Via Emilio Morosini. Diese geht in die Via Goffredo Mameli über, und wir gehen auf ihr einfach weiter, bis rechts die Via Agostino Bertani auftaucht. Wir biegen nicht in diese ein, sondern gehen geradeaus über die Kreuzung und direkt nach der Kreuzung links in einen schmalen Fußgängeraufgang: die Rampa di Monte Aureo, die sich über Treppen zur Via Garibaldi hochschlängelt. Diese überqueren wir und folgen dem nächsten, kurzen Fußweg nach oben. Hier biegen wir dann rechts auf die Via Garibaldi ein und folgen der Straße hoch auf den Gianicolo, vorbei am Mausoleo Garibaldi, das die sterblichen Überreste der Gefallenen in den Schlachten um die Hauptstadt Rom zwischen 1849 und 1870 beherbergt. Und weiter vorbei an der Kirche San Pietro in Montorio (siehe S. 50) immer weiter nach oben.

Vorbei an der Fontana dell'Acqua Paola, die einen wunderbaren Blick auf die Stadt eröffnet, gehen wir weiter, bis rechts die Passeggiata del Gianicolo abzweigt. Diesem Weg folgen wir quer über den grünen Hügel, über die wunderbare Terrasse, bis es wieder bergab geht, und können nun auch schon an der einen oder anderen Stelle einen Blick auf die Peterskuppel erhaschen.

Auf der Piazza di Sant'Onofrio biegen wir rechts ab und folgen der Salita di Sant'Onofrio, bis diese in die Via del Gianicolo bzw. dahinter in die Via di Porta Cavalleggeri mündet. Wir gehen kurz rechts zur Piazza della Rovere, überqueren hier die Straße nach links und halten uns nach dem Ampelübergang wieder links bzw. dann gleich rechts und folgen der Via di Porta Santo Spirito immer Richtung Vatikan.

Die Straße geht über in die Via dei Penitenzieri. Dieser folgen wir, überqueren den Borgo Santo Spirito und gehen weiter geradeaus auf die Via della Conziliazione.

Wir wenden uns nach links und können den Petersplatz gar nicht mehr verfehlen.

Was bleibt vom Weg

....

....

....

....

....

....

....

Sieben-Kirchen-Wallfahrt

7. San Pietro in Vaticano

Adresse: Piazza San Pietro, 00120 Città del Vaticano
Öffnungszeiten: Täglich 07:00–18.30 Uhr
(im Sommer bis 19.00 Uhr)

Nach einem langen Weg haben wir das letzte Ziel unseres Tages erreicht: San Pietro in Vaticano, auf Deutsch besser bekannt als Petersdom.

Wie in St. Paul hat Konstantin auch hier eine Kirche über ein Apostelgrab bauen lassen. Von der ursprünglichen Konstantin-Basilika ist aber nicht mehr so viel übrig. Sie musste im 16. Jahrhundert ihrem Nachfolgerbau weichen.

Bedeutende Namen verbinden sich mit diesem Bau: Donato Bramante, Raffael, Carlo Maderno, Gian Lorenzo Bernini sind nur vier davon. Doch einer sticht in dieser Reihe heraus, nämlich der, dem wir vor allem die Kuppel zu verdanken haben: Michelangelo (* 6. März 1475 in Caprese, Toskana; † 18. Februar 1564 in Rom). Dieser wollte eigentlich ein griechisches Kreuz als Grundform für die Kirche, d.h. ein Kreuz mit vier gleichlangen bzw. gleichkurzen Seiten. Seine Kuppel sollte als Blickfang eigentlich alles überragen. »Eigentlich«, weil dann Maderno nach ihm als Baumeister am Zug war. Und er fügte das Langhaus und die Fassade an, die, wenn man vor dem Dom steht, die Kuppel völlig verschwinden lässt.

Bernini versuchte der Idee Michelangelos in seiner Zeit als Baumeister mit zwei leichten, luftigen Türmen auf der Fassade über den Uhren entgegenzukommen, damit der Blick wieder automatisch nach oben gerichtet wird. Einer der Türme wurde gebaut, die Fassade bekam Risse, und Bernini stand kurz vor dem Ende seiner Karriere. Der angefangene Turm wurde natürlich gleich wieder abgerissen.

30 Jahre vergingen, ehe Bernini es erneut versuchen durfte, und nun plante er diesen überwältigenden Platz vor St. Peter, um den Blick ein wenig von der massiven Fassade abzulenken. Eine Ironie der Geschichte: Eigentlich wurde Michelangelos majestätische Konzeption durch Maderno »verhunzt«, wäre dies aber nicht geschehen, wäre dieser wunderbare Platz wahrscheinlich nie entstanden.

Hier ist irgendwie alles riesig. Auf den Platz passen 300.000 Menschen, in den Dom 20.000, und schon die Weihwasserbecken im Inneren erscheinen wie kleine Badewannen. Der Dom ist 211 Meter lang und die Kuppel mehr als 136 Meter hoch.

Das Innere des Domes hält neben der Pieta von Michelangelo und dem Baldachin von Bernini mehr als genug für einen Extra-Besuch bereit und mehr als zu viel nach einem solchen Weg, wie wir in heute hinter uns haben.

Unser Weg hat seinen letzten Punkt in der Vorhalle des Petersdoms. Gehen Sie bitte dorthin und blicken Sie vor dem mittleren Haupteingang hinter sich, d.h. Richtung Petersplatz und dann nach oben. Dort sehen Sie ein viel zu oft übersehenes Mosaik vom Seegang Jesu. Das Original aus dem 13. Jahrhundert stammte von Giotto und war an der Fassade der alten Petersbasilika zu sehen. Es wurde bei einem Unwetter 1606 so stark beschädigt, dass es nicht restauriert werden konnte. Das Mosaik, das Sie jetzt über sich sehen, orientiert sich aber an der Bildsprache und Darstellung des Originals.

Blicken Sie auf das Bild und hören bzw. lesen Sie, was das Evangelium davon erzählt.

Aus dem Matthäusevangelium (Mt 14,22–33)

Gleich darauf drängte er die Jünger, ins Boot zu steigen und an das andere Ufer vorauszufahren. Inzwischen wollte er die Leute nach Hause schicken.

Nachdem er sie weggeschickt hatte, stieg er auf einen Berg, um für sich allein zu beten. Als es Abend wurde, war er allein dort.

Das Boot aber war schon viele Stadien vom Land entfernt und wurde von den Wellen hin und her geworfen; denn sie hatten Gegenwind.

In der vierten Nachtwache kam er zu ihnen; er ging auf dem See.

Als ihn die Jünger über den See kommen sahen, erschraken sie, weil sie meinten, es sei ein Gespenst, und sie schrien vor Angst.

Doch sogleich sprach Jesus zu ihnen und sagte: Habt Vertrauen, ich bin es; fürchtet euch nicht!

Petrus erwiderte ihm und sagte: Herr, wenn du es bist, so befiehl, dass ich auf dem Wasser zu dir komme!

Jesus sagte: Komm! Da stieg Petrus aus dem Boot und kam über das Wasser zu Jesus.

Als er aber den heftigen Wind bemerkte, bekam er Angst. Und als er begann unterzugehen, schrie er: Herr, rette mich!

Jesus streckte sofort die Hand aus, ergriff ihn und sagte zu ihm: Du Kleingläubiger, warum hast du gezweifelt?

Und als sie ins Boot gestiegen waren, legte sich der Wind. Die Jünger im Boot aber fielen vor Jesus nieder und sagten:

Wahrhaftig, Gottes Sohn bist du.

der sturm auf dem see

es mag kein standardtanz sein
und die musik manchmal nur
ein leises säuseln

doch jetzt ist sie ein sturm
und wenn du nicht
schritt halten kannst

wirst du schon
nach wenigen takten
gnadenlos untergehen

so lange kennt ihr euch schon
und du fühlst immer noch nicht
wer von euch beiden führt

aber du wirst es schon noch lernen
schritt um schritt und takt um takt
dem leben entgegenzutanzen

hör auf das fleischgewordene wort
die stimme deines schöpfers
ER spielt dir das lied vom leben

hinweg über stürmische seen
durchweinte nächte
und dunkelste gräber

(Wolfgang Metz)

Zum Nachdenken und Nachbeten

Dieses Bild am Eingang bzw. Ausgang des Petersdomes soll uns als Christen daran erinnern, wer dieser Apostelfels war, auf den unsere Kirche gebaut wurde.
Ein Mensch, der Zweifel, Fragen und Ängste hatte.
Ein Mensch, der immer – immer – die helfende Hand Jesu gebraucht hat.
Ein Mensch wie Sie und ich.
Wo und wie vertraue ich Christus, dass er immer da ist, wenn ich ihn brauche?
Oder möchte ich das meiste in meinem Leben in erster Linie selbst schaffen und erreichen?
Wo hatte und habe ich diese Hand Jesu besonders nötig?

Mit diesen Fragen und Gedanken möchte ich mich von Ihnen verabschieden, verbunden mit einem Wunsch:
Lassen Sie sich dies jeden Tag aufs Neue zusagen:
Hab Vertrauen, ich bin es; fürchte dich nicht!

Was bleibt vom Weg

....

....

....

....

....

....

Nachwort

Nun sind Sie einige geistliche Wege in Rom gegangen und ich hoffe, sie haben Ihnen gutgetan und Sie nehmen viele Eindrücke, »innere Regungen« und Anregungen mit.

Die entscheidende Frage ist jetzt aber: Wie geht es nun zuhause weiter?

Wie kann ich all das Erfahrene, vielleicht auch das, wie Gott mir begegnet ist, mit nach Hause nehmen? Wie kann es gelingen, dass nicht all das, was in den vergangenen Tagen war, vom Alltag gleich wieder aufgefressen wird?

Nur zwei kleine Hilfen dafür:

1. Nehmen Sie sich ausgiebig Zeit und Ruhe für einen Rückblick im Gebet auf die vergangenen Tage. Am einfachsten halten Sie sich dafür an den Ablauf des Rückblicks auf den Tag am Beginn dieses Buches (siehe S. 11) und blicken eben nicht nur auf einen Tag, sondern auf die ganzen vergangenen Tage zurück.

Schreiben Sie dann anschließend Ihre Gedanken, Erfahrungen und Entscheidungen aus diesen Tagen und dieser Gebetszeit auf.

Das Aufgeschriebene darf gerne zuhause in der einen oder anderen Gebetszeit nochmals durchgelesen und durchgebetet werden.

2. Reden Sie mit jemandem über Ihre Tage, über Ihre Erfahrungen und vor allem auch, wie Ihnen Gott darin begegnet ist. Suchen Sie sich einen Menschen, mit dem Sie offen über alles reden können. Einen Menschen, der Sie vielleicht auch eines Tages daran erinnern kann, wenn Sie es nötig haben.

Alle Wege führen nach Rom – vielleicht führt Sie ja der eine oder andere Weg auch zurück in diese wunderbare Stadt, in der es noch unzählige weitere geistliche Wege gibt, die beschritten werden können. Egal, wo Ihre Wege Sie hinführen: Gottes Segen dafür.

Gedanken, Notizen, Unvergessliches

Bilder im Innenteil

Frontispiz © S.Borisov/shutterstock.com, 10 © Iryna Nazarova/shutterstock.com, 13 © Adrian Flory/shutterstock.com, 14 © Ekaterina Pokrovsky/shutterstock.com, 17 © Wolfgang Metz, 26 © Photokanto/shutterstock.com, 30 © wjarek/shutterstock.com, 34 © Diego Fiore/shutterstock.com, 49 © acfreeman/shutterstock.com, 57 © Wolfgang Metz, 59 © Wolfgang Metz, 68 © AlexZaitsev/shutterstock.com, 76 © Vlad G/shutterstock.com, 80 © PhotoFires/shutterstock.com, 83 © Stefano_Valeri/shutterstock.com, 86 © Thomas Persson/shutterstock.com, 92 © Volodymyr Nik/shutterstock.com, 95 © Susanne Funk, 102 © marcovarro/shutterstock.com, 105 © HABRDA/shutterstock.com, 107 © Alarax/shutterstock.com, 109 © marcovarro/shutterstock.com, 112 © Stefano_Valeri/shutterstock.com, 115 © wikicommons Rabax63 CC BY-SA 4.0, 117 © EyeSeeMircostock/shutterstock.com, 120 © Francisco Javier Diaz/shutterstock.com, 129 © Jlie Mayfeng/shutterstock.com, 133 © Tupungato/shutterstock.com, 135 © Wolfgang Metz, 137 © Wolfgang Metz, 140 © Wolfgang Metz, 146 © Wolfgang Metz, 148 © Wolfgang Metz, 150 © HeadSpinPhoto/shutterstock.com, 156 © Wolfgang Metz, 159 © manjik/shutterstock.com